C000303460

Opera omnia – alii et mea

Zukunft braucht Herkunft

Ein Resümee

Opera omnia – alii et mea

Zukunft braucht Herkunft.[1,2,3]

Ein Resümee

E. R. Petzold

---

1 Jean Paul: Leben des vergnügten Schulmeisterlein Maria Wutz in Auenthal, Reclam 2013, S.28
2 Marquard Odo: Zukunft braucht Herkunft- Philosophische Essays, Reihe Reclam, 2003

3 Petzold E., Bölle M., Henkelmann, Th.: Von Mesmer bis Breuer. - Aus den Anfängen der Psychosomatischen Medizin - In: Meyer, A.E., Lamparter, U. (Hrsg.): Pioniere der Psychosomatik. Beiträge zur Entwicklungsgeschichte ganzheitlicher Medizin. Roland Asanger Verlag Heidelberg (1994)

Verlag und Druck: tredition GmbH
Halenreie 40–44
22359 Hamburg

ISBN
Paperback: 978-3-347-13693-9
Hardcover: 978-3-347-13694-6
e-Book: 978-3-347-13695-3

Inhaltsverzeichnis

Vorwort

Kein Geringerer als das ‚Schulmeisterlein Wutz' von Jean Paul (1793) ist Pate dieses Titels. „Opera omnia" so schreibt er und weiter: „Wie alle großen Skribenten ihren Lebenslauf... in ihre opera omnia stricken..." Das Leben und das Sterben des ‚Schulmeisterlein Wutz' erzählt J.P. so nüchtern und eindrucksvoll, dass ich mir den Titel borge, auch wenn ich mich nicht wie er zu den großen Skribenten rechne. Alii et mea sind meine Ergänzungen. Mea sind subjektives Erleben und objektives Erklären meiner sechzig Jahre in der Psychosomatischen Medizin (1959–2019). Alii sind die Autoren, Coautoren, Doktorandinnen und Doktoranden, Schwestern, Pfleger und Studenten meiner Zeiten in Heidelberg, Homburg/Saar, Aachen, Jena und Tübingen. Ihnen will ich meinen Dank sagen. Sie haben meinen Weg durch Höhen und Tiefen begleitet. Daran erinnere ich mich gerne.

Erinnerungen prägen uns Menschen und gestalten oft die Zukunft. Wie das Erinnern, so ist auch das Vergessen ein wichtiger Teil unseres Lebens. Gegen das Vergessen habe ich diesen Rückblick geschrieben, um festzuhalten, was aus meiner Sicht für das Gelingen der Psychosomatischen Medizin und der Balintarbeit in unserer Zeit wichtig war. Gespräche, Körper und Seele!

Braucht Zukunft wirklich Herkunft? Wer und Was? Wie und warum? Wann und wozu? Mit diesen Fragen können Vergangenheit und Zukunft miteinander verknüpft werden. „Aus Tradition in die Zukunft" war der Leitspruch der Heidelberger Universität. „Bei uns beginnt die Zukunft" konterte man in Aachen. Hier wie dort haben wir versucht, psychosomatische Medizin zu verwirklichen, u.a. beim ‚Brückenbau von der Psychosomatik zur Allgemeinmedizin'.[4]

Mit meinen Anfängen im Sanitätsdienst der Bundeswehr (1959) und in der Medizinischen Universitätsklinik in Heidelberg, der Ludolf Krehl (als Doktorand,1965-67), geht es über die Entdeckung der familiären

[4] Petzold E.; B. Luban-Plozza; Hj. Mattern; G. Bergmann (Hrsg.) Brücken von der Psychosomatik zur Allgemeinmedizin, Springer Verlag, Heidelberg, 1987. Daraus entstand eine Reihe, die noch zehn Jahre fortgesetzt werden konnte.

Dimension bei Anorexia nervosa Patienten, zu dem Aufbau einer Psychosomatischen Klinik an der RWTH in Aachen. Das Epitheton ‚psychosomatisch' hat mehrere Bedeutungen, u.a. eine Benennung bestimmter Krankheiten, eine Philosophie der Leib- Seele Beziehungen, ferner Psychophysiologie, eine Kategorie von Symptombildungen sowie eine holistisch-integrative Sicht von Krankheiten.

Vereinfacht kann man für den deutschen Sprachraum sagen: „Psychosomatik ist Psychotherapie von Körperkrankheiten".[5] Weitere ‚Positionen des Möglichen' ergaben sich aus der Balint-arbeit, aus den Wartburggesprächen zur Salutogenese und aus der Physiologie. Hinzu kamen Kunst und Psychosomatik, eine theoretische Stufentreppe und last but not least meine kirchlichen Wurzeln und das jüdische – christliche Erbe.

Ohne alii wären opera omnia mea nie entstanden. So gilt Ihnen allen mein Dank.

Ein ganz besonderer Dank gilt Günther Bergmann für das mühevolle Lektorieren dieser Arbeit.

---

[5] Petzold E. , M. Bölle, Th. Henkelmann: „Aus den Anfängen der Psychosomatischen Medizin" In: Meyer A.E. & U. Lamparter (Hg.) Pioniere Psychosomatik- Beiträge zur Entwicklungsgeschichte ganzheitlicher Medizin. Asanger, Heidelberg, 1994

Kap. I
Die Anfänge und das Wachsen unter Paul Christian

In diesem Kapitel berichte ich von Prof. Paul Christian, wie ich ihn in der Ludolf Krehl Klinik erlebt und was ich von ihm gelernt habe. Es geht um die ersten eigenen Entwicklungsschritte an einer großen Medizinischen Universitätsklinik, in der Psychosomatik noch kleingeschrieben war (1960 ff.) Trotz aller Erfolge von P. Christian, P. Hahn und W. Herzog bis heute (2019) bleibt mein Resümee am Ende meiner Aachener Zeit (1991–2004): Psychosomatik ist kein Besitz, sondern ein Prozess. Sie ist keine Illusion, vielmehr eine Utopie.[6] Ausgangspunkte in Heidelberg waren Christians Berufung am Anfang der fünfziger Jahre und seine Arbeit über die Bipersonalität, also der Rückverhalt im jeweils anderen. (P. Christian & R. Haas, 1949).

Erste Aussage:

Der Einzelne begreift sich und erkennt sich im Umgang mit dem anderen.

Erinnerungsort - Ludolf Krehl Klinik

Die Ludolf Krehl Klinik war Paul Christians, Horst Mayers und mein Erinnerungsort. Dafür stehen seine und unsere Biographien - pars pro toto[7]. Forschung bei Horst Mayer, Klinik bei Petzold, die Synthese bei Paul Christian. Dahinter stehen Patienten, Studenten, Schwestern, Kollegen und auch Klinik-Pfarrer wie Artur Reiner und Mayer-Scholl. Artur Reiner doktorierte bei ihm, Mayer-Scholl stand dem unlängst verstorbenen Kardinal Lehmann so nahe, dass ich diesen bei meiner letzten Spurensuche zitierte: „Der Glaube ist ein Gehorsam, der wenigstens potentiell mit der menschlichen Vernunft übereinstimmen muss.[8] Der Name Ludolf v. Krehls steht für das ‚Implizite Axiom

[6] Petzold E.R. et al.: 10 Jahre Tätigkeitsbericht der Klinik für Psychotherapeutische Medizin der RWTH Aachen(1991-2001)
[7] E.R. Petzold: Beitrag für H. Mayers Rückblick auf einen ungewöhnlichen Lehrer: „Verstehen Sie, was ich nicht sage? (In Vorbereitung)
[8] E.R. Petzold : There are allways two possibilities- Medizinische Anthropologie und Theologie- ein persönlicher Rückblick, Balint Journal 3, 2016 S. 75-81

anthropologischen Medizin Heidelberger Provenienz': „Wir behandeln keine Krankheiten, sondern kranke Menschen!" Der Begriff ‚Erinnerungsort' geht auf Pierre Nora (*1931), einen französischen Historiker und Soziologen zurück. Der Erinnerungsort verknüpft das individuelle ebenso wie das kollektive Gedächtnis mit bestimmten „Orten", an denen etwas Wichtiges geschehen ist, an denen sich die „Erinnerungen bündeln.", Subjektives und Objektives, Körperliches und Seelisches, Materielles und Immaterielles wird miteinander verbunden. Rückbezüglichkeit und Resonanz (Töne, Schwingung, Rhythmus, rituelle Handlungen ...) verbinden Vergangenes und Zukunft über Gegenwärtiges.

Erinnerungsorte sind auch Begegnungsorte. „Die Welt erschließt sich in Begegnung", schrieb P. Christian und er ergänzte: „Begegnung ist mehr als Berührung, sie ist nicht nur Kontakt, Verschmolzenheit in Erstarrung, sondern Begegnung fordert zu weiterem Umgang auf - ist Weiterbegegnung."[9] Wiederbegegnung' möchten wir jetzt nach mehr als fünfzig Jahren ergänzen. Sie stehen für unsere Arbeit, für das, was uns geprägt hat und auch für unsere Identität. Die Ludolf Krehl Klinik steht für die Medizinischen Fakultät in Heidelberg, für Lehre, Vorlesungen, Unterricht am Krankenbett, für intergierte Krankenversorgung und Forschung (G. Schettler, B. Kommerell, P. Wahl et al.).

Wir (Horst Mayer und E.R.P.) haben uns auf die Orte konzentriert, an denen wir Christian begegneten. Wir erinnern uns an ihn im Hörsaal, bei Visiten auf den Stationen, in der Siebeck Baracke. Wir erinnern uns auch an sein Ferienhaus im Odenwald und an das, was er sagte, wie er es sagte und auch, wie er schwieg, was er nicht sagt.

In der alten Krehl Klinik an der Bergheimerstraße gleich neben dem Haupteingang hatte Christian drei Räume. Den ersten für die Sekretärin, den mittleren als Sprechzimmer und den dritten daneben als Untersuchungsraum. In der sog. „Siebeck - Baracke" gab es einen kleinen Konferenzraum, eine kleine Bibliothek, ein weiteres Sekretariat. Es gab auch einen kleinen Untersuchungsraum für telemetrische Kreislaufuntersuchungen (Hubert Zolg und Horst Mayer)

---

[9] Buytendijk & P. Christian: Kybernetik und Gestaltkreis als Erklärungsprinzip des Verhaltens, Sonderdruck , Nervenarzt 3. Heft 1963 S.97- 104

Von hier aus entwickelten wir weitergehende ‚Positionen des Möglichen' für die Realisierung psychosomatischer Konzepte. Die Fragen ergaben sich aus der Praxis, beispielsweise wurde ein differenzierter Konsiliar -, Liaisondienst, u.a. für suizidale Patienten entwickelt (Stat. Giesinger). Hier wurden viele Patienten nach einer Intoxikation künstlich beatmet, bis sie wieder aufwachten. Wenn sie wieder gesprächsfähig waren, wurden die Kollegen aus der Psychiatrie oder der Psychosomatischen Klinik informiert. Die Psychosomatische Klinik unter der Leitung von Prof. Bräutigam war damals unabhängig und von der Med. Klinik getrennt. Ihr methodisch- therapeutischer Schwerpunkt war psychoanalytisch ausgerichtet. Ich konnte als Stationsarzt alle Konsiliarärzte begleiten und unterschiedliche Gesprächsmethoden kennen lernen. Mich beeindruckte besonders die Geduld des Zuhörens von Michael v. Rad, Psychoanalytiker und später der Direktor der Psychosomatik an der LMU in München. Diesen Konsiliardienst hatte P. Christian zusammen mit Frau Dr. Märgen Stieler, Dr. Peter Hahn und dem Theologen Dr. Artur Reiner aufgebaut. Eingebunden in diesen Dienst waren die Sozialarbeiterinnen um Franziska Haag. Der Kontakt mit der Forschungsgruppe Stress um H. Mayer und mit der sozialmedizinischen Arbeitsgruppe um E. Nüssel kam später zustande.

Zweite Aussage:

Psychosomatische Medizin ist kein Besitz, sondern ein Prozess.

Sie realisiert das bio-psycho-soziale Denk- und Handlungsmodell eines George Engels/Rochester/USA.

Im SS 1964 kam ich als Medizinstudent nach Heidelberg. 1967 fing ich im März als Medizinalassistent auf der Station Siebeck in der Ludolf Krehl Klinik, der Medizinischen Klinik in Heidelberg an. Prof. Paul Christian hatte ich als Student gehört. Er stellte uns jede Woche einmal in der Hauptvorlesung einen Patienten oder eine Patientin vor, sprach mit ihm oder ihr und erläuterte uns das jeweilige Krankheitsbild - wie viele andere Professoren und Dozenten. Aber etwas war anders, was ich möglicherweise schon wahrnahm, aber noch keineswegs verstand. War es seine Art zu fragen? War es das, was er hinter den Antworten wahrnahm? Möglicherweise war es seine Offenheit, ein Gespräch zu führen und uns Studenten das verständlich zu machen, was sich im Leben des Patienten oder der Patientin abspielte und auch schon, was das für die Therapie bedeutete.

P. Christian war der Grund, weshalb ich mich gleich nach dem Staatsexamen bei ihm bewarb. Dank der Empfehlungen meines Doktorvaters Prof. K. Schimpf und von Prof. P. Hahn, bekam ich bald nach den ersten psychiatrischen Lehrjahren in der Pfalz und in der Schweiz eine Assistentenstelle an der Krehl Klinik. Im Herbst 1970 kam ich aus Basel zurück und wurde zunächst auf den Stationen der Krehlklinik eingesetzt. Die Räume der Kinderklinik in der alten Luisen- Heilanstalt wurden gerade erst für die psychiatrische Poliklinik und für die Allgemeine Klinische Medizin (Station AKM) umgebaut. Ich konnte die Anfänge der Psychosomatik in der Inneren Medizin mitgestalten.

Ein Beispiel: Zeit für eine biographische Anamnese frei zu machen oder gar psychotherapeutisch tätig zu werden, war nicht gerade einfach.

Eine heftige Auseinandersetzung mit einer Kollegin, die mit mir die Stationsarbeit teilte, über das Prozedere bei einem Patienten, den sie entlassen wollte, obwohl die biographische Anamnese noch ausstand, führte uns zusammen zu Christian, dem wir unseren Zwist vortrugen. Ich kann mich noch gut an meinen Affekt erinnern: Entweder bekommt der Patient die Zeit, die ich für die biographische Anamnese brauche oder ich bin hier fehl am Platze. Christian hörte uns geduldig an, tauchte zum Nachdenken kurz unter seinen Schreibtisch und fand einen Weg, der für beide Hitzköpfe gangbar war. Ich bekam die Erlaubnis zur biographischen Anamnese und die Kollegin mehr Freiheit für die Belegung auf dieser Station. Wir befreundeten uns wie zwei Igel, die sich lieben: Ganz langsam und vorsichtig.

Später fand sich etwas mehr Zeit für die Patienten, die an einem Herzinfarkt erkrankt waren und so wie es damals üblich war, mehrere Wochen in einem Vierer Bett Zimmer auf den Stationen Friedreich oder Siebeck lagen. Ich bot ihnen eine Einführung in das Autogene Training an – eher ein psychohygienischer als ein gruppentherapeutischer Anfang. Aus dieser Arbeit entstanden Untersuchungen über die Veränderung der Atmung und Kreislaufparameter und mein Probevortrag für die Habilitation (1978). Verrate ich zu viel, wenn ich sage, dass P.

Christian mir bei der Vorbereitung dieses frei zu haltenden Vortrages geholfen hat?

Seine Sache war die Reflexion und ein strenges Hinterfragen somatischer Befunde mit psychologischen und sozialen Hintergründen. Das ‚Case Team Work' hatte er in den Staaten kennen gelernt, methodisch weiterentwickelt und zusammen mit den Sozialarbeiterinnen seines Instituts ausgebaut. Ihre Supervision hatte P. Christian mir wegen meiner psychiatrischen Vorerfahrungen (Basel 1969–1970) früh anvertraut. Delegieren konnte er durchaus.

Einer der wichtigsten Erinnerungsorte ist der Hörsaal in der alten Krehl Klinik. Wie in den klassischen italienischen Hörsälen (Bologna/Padua) waren die Sitzreihen hintereinander so angeordnet, dass man mühelos das Geschehen zwischen dem Patienten, der vorgestellt wurden und dem Dozenten beobachten konnte. Wichtig aber war auch der Hintereingang, den wir Studenten gut kannten, um beispielsweise ein „zu spät kommen" zu vertuschen.

In dem Hörsaal fanden damals auch die regelmäßigen Morgenbesprechungen statt. Teilnahme war für alle Ärztinnen und Ärzte Pflicht. Die Klinikdirektoren, die Professoren Gotthard Schettler und Paul Christian lösten sich bei der Leitung dieses für alle verbindlichen Treffens ab. Wir rapportierten das Geschehen auf den Stationen, Zugänge und Abgänge. Peter Vollrath, einer unserer Assistenten, der auf der Station Dienst hatte, kam an einem Morgen verspätet an die Tür des Hörsaals und gab dem zuständigen, gerade berichtenden Stationsarzt ein Zeichen mit überkreuzten Fingern. Dr. Achim Weizel, der Stationsarzt verstand sofort: Der Patient sei gerade verstorben. Damit schloss er seinen Rapport. Quietsch lebendig allerdings fand er wenig später diesen Patienten auf der Station. Peter V. wollte nur wissen, ob er Kreuzblut abnehmen sollte.

Prof. Christian stand hier in diesem Hörsaal an dem Pult, an dem schon Weizsäcker gestanden hat und wie jener so hielt auch er seine Brille in seiner Hand, wenn er auf den Text sah, der auf dem Pult lag. Ich selbst variierte dieses Spiel mit der Brille, indem ich den Brillenbügel zwischen den Zähne fest hielt. Allerdings kann man dann nicht sehr gut sprechen.

Die anderen wichtigen Erinnerungsorte, an denen wir Innere Medizin lernten, waren neben den beiden Intensivstationen die verschiedenen Stationen, die nach Heidelberger Ärzten benannt waren, u.a. Griesinger und Schönlein, Erb und Frerichs, Matthes, Wunderlich und Naunyn, Siebeck und Friedreich. Hinzu kam später v. Weizsäcker für die AKM[10]. Dafür danken wir dem damaligen Dekan Herrn Prof. Wolfgang Herzog. Siebeck und Friedreich und die AKM waren die drei Stationen, die zu Christian gehörten, auf denen wir das Heidelberger Dreistufen - Modell zunächst unter Christian, dann unter Hahns Ägide realisierten („Positionen des Möglichen"). Diese Positionen standen für unterschiedliche Aufnahmen und Aufenthaltsdauern z.B. bei akuten oder chronischen/Erkrankungen. Kurzfristig galten 8–10 Tage, längerfristig 4–6 Wochen. Mehr Zeit brauchten wir für die Erkrankten, bei denen die Überlagerung seelischer Störungen - durch körperliche Probleme zusammen kam.

Das Dreistufenmodell ergab die Möglichkeit, Patienten mit komplexen Diagnosen aus dem somatischen und aus dem psychischen Bereich, akut Kranken und solche mit einer chronischen Erkrankung zu diagnostizieren (Wechsel z. B. von Siebeck nach Friedreich) oder bei stärkerem Verdacht einer psychischen Genese auf die AKM. Mitte der achtziger Jahre ergaben sich aus diesen Erfahrungen die Psychosomatischen Grundversorgung, über die Wolfram Schüffel et al./Marburg berichtet hatten. Zusammen mit Günther Bergmann starteten wir gemeinsame Jahrestagungen mit Ärzten aus der Allgemeinmedizin und etlichen Kollegen aus anderen Disziplinen. Die Referate und Ergebnisse der Arbeitsgruppen fanden im Springer Verlag ihren Erinnerungsort und zwar in einer Reihe „Von der Psychosomatik zur Allgemeinmedizin" (1988–1994).

Wie aber sahen nun die regelmäßigen Zusammenkünfte mit und ohne Prof. Christian auf der AKM aus?

Montagsvisite, zunächst wie auf Siebeck oder Friedreich mit dem ganzen Team, dann Verkleinerung: 1 Arzt, 1 MP, 1 Schwester. Verlage-

[10] Kollegen, die die AKM geprägt haben: Peter Vollrath und seine Frau Barbara als Stationsschwester, Achim Reindell, Christian Deter, Wolfgang Kämmerer, Ludwig Sellschopp, Friedebert Kröger, Günther Bergmann, Sigrid Mohr, Frank Bacher und viele andere z.B. Artur Reiner als Seelsorger und ständiger Teilnehmer der internen Balintgruppe (Balintoid) mit Schwestern, Sozialarbeiterinnen und Ärzten. Heute spricht man von einem integrierten Konzept.

rung der therapeutischen Aktivitäten und ausführlicheren Gesprächen vom Krankenbett in die Gruppe. Ich notierte mir damals: Auch somatische Fragen heben die Distanz nur unvollständig auf, die ‚Verwörterung' eines Befundes verfremdet und wird von den Patienten kaum wirklich verstanden. Vollständige Antworten konnte man kaum am Krankenbett geben. ‚Extra muros' = ‚außerhalb des Krankenzimmers' war das Stichwort für Abstinenz im Krankenzimmer.

Mittwochvisite mit dem Chef. Sie war eine wichtige, absichernde Ergänzung für alle Beteiligten. Ambivalent war ich, weil keineswegs immer patientenorientiert, sondern oft nur praktisch an den herkömmlichen internistischen Methoden orientiert oder etwas theoretisch über Asthma oder Anorexia nervosa oder eine andere Theorie gesprochen wurde. Wie weit interessierte Theoretisches die Patienten? Fühlten sie sich wirklich eingebettet in einen Kreis, der ihnen wie uns Bedeutung verlieh? Unvergessen sind Christians Fragen oft erst am Ende der Visite: „Wen haben wir nicht berücksichtigt? Wer war unauffällig?" Dann ging der ganze Tross noch einmal zurück.

Besonders wichtig war die anschließende allgemeine Konferenz. Da saßen alle zusammen: Pfarrer (Dr. Artur Reiner) und Professor, Psychologe und Sozialarbeiterinnen, Schwestern und Ärzte, bis zu 15 Personen bei Kaffee und Brot, Marmelade und Wurst ungefähr 60 Minuten lang. Problemfälle wurden intensiver besprochen, blinde Flecken aufgedeckt, Neuzugänge vorgestellt.

Daran schloss sich das an, was wir zunächst: ‚Selbstbesinnungsgruppe' nannten, später Balintoid. Wiederum 60 Minuten – nur für uns. Keiner hatte eine spezielle Ausbildung. Der zuständige OA übernahm die Leitung. Problematisches, was sich sonst leicht anstaut, wurde aufgegriffen und manchmal geklärt, autoritäres Gehabe des Arztes, mütterlich – strenges Verhalten einer Schwester. Manches schloss man aus wie z.B. vor- und unbewussten Bereiche. Eine junge Psychologie Studentin beobachtete uns ein viertel Jahr lang und stellte fest: Wenn's echte Probleme gibt, sprechen nur die Männer. Das war erschreckend, das hatte ich so nicht gesehen. Wie tief das aber in unserer kulturellen Entwicklung seit der Antike angelegt war, lernte ich erst jetzt (2018) durch zwei Essays von Mara Beard, die

Frau Dr. Janet Schüffel ins Deutsche übersetzt hatte.[11] Diese Selbstbesinnung des Teams erwies sich trotzdem als äußerst nützlich für die Arbeit mit den Patienten. (Studie Reinhard Mickisch und Gunthard Weber,1984)[12]

Teambesprechung Dienstag und Freitag – 90 Minuten mit den unmittelbar an einer Therapie Beteiligten und mit den Krankenblättern. Was wurde besprochen? Im Grunde alle Visitenfragen: Wo stehen wir mit dem Patienten? Hat er was gelernt? Macht er Fortschritte? Wo stagniert er? Drängt er uns in eine bestimmte Richtung? Stimmt unsere Diagnose? Geht er allein aus der Klinik? Wie wird er sich nach der Entlassung draußen zurechtfinden? Welche Hilfestellung (z. B. Sozialarbeit) können wir jetzt schon für später planen?

Immer wieder stießen wir auf fehlende sozialtherapeutische Nachbehandlungsmöglichkeiten. Daneben standen die internistischen differentialdiagnostischen Fragen. Alles mit dem utopischen, aber außerordentlich wichtigen Ziel einer Gesamtdiagnose. Wir hatten noch andere Spielräume und wesentlich weniger ökonomischen Druck als heutzutage.

Neben der AKM in dem Gebäude der alten Luisenklinik, in der Voßstraße lag die Station der Endokrinologie. Auf dem Gang tauschten sich die Patienten über ihre Erkrankungen und Behandlungen aus – Anfänge der heute so viel diskutierten Inklusion oder Versuche einer integrierten Medizin? Bei komplexeren Fragen untersuchten Prof. Christian und Prof. Bahner, der Chef der Endokrinologie gemeinsam den Patienten.

Christian tauchte auf der Station Siebeck nicht nur bei den wöchentlichen Visiten auf, sondern auch abends, wenn er die wenigen Privat Patienten besuchte, über die er mit mir sprach, bevor oder nachdem er zu ihnen ging. Gelegentlich konnte ich auch bei diesen Gesprächen dabei sein.

---

[11] Mary Beard: Frauen und Macht, S. Fischer 2018

[12] Mickisch R. & G. Weber: Gedanken zur Balintarbeit auf einer klinisch- psychosomatischen Station. In:. Petzold E.: Klinische Wege zur Balintarbeit, „Patientenbezogene Medizin". In E. Balint und B. Luban- Plozza (ed.) Heft 8, G. Fischer Stuttgart, 1984

Weitere Erinnerungsorte waren die Siebeck- Baracke mit Labor Plätzen für Horst Mayer und Hubert Zolg, der als Arzt und Physiker u. a. zuständig für nicht invasive Kreislaufuntersuchungen war. Zu erwähnen ist auch eine kleine Bibliothek, die zwischen zwei Räumen lag und kaum zu begehen war. (1 m breit und 4 m lang) Hinter dieser Baracke lag der Rest des alten botanischen Gartens mit den Tierställen, in denen die Hasen waren, die Weizels und meiner Doktorarbeit zum Opfer fielen. Wir untersuchten damals die Blutgerinnungsfaktoren, die fördernden und die hemmenden. Später trat an diese Hasenställe ein großes Laborhaus, in dem ich mit einer Spezialsprechstunde für Patienten mit einer Blutgerinnungsstörung und zur Marcumar Einstellung beauftragt war.

Nicht unerwähnt sei eine alte herrschaftliche Villa am Bismarckplatz, die Residenz der Sozialarbeiterinnen. Hier lernte ich etwas von der Sozialarbeit durch das o. g. Case Team Work. Es ging um die poststationäre Begleitung und den Verlauf einer Krankheit und das Kranksein im sozialen Feld. Diese Begleitung war eine wertvolle Ergänzung der Stationsarbeit. Das Vertrauen Christians für das Gelingen dieser Arbeit war zentral.

Während des Krieges in Breslau war P. Christian ltd. Oberarzt bei V. v. Weizsäcker (V. v. W.)in einer sehr großen Klinik für Hirnverletzte. Anlässlich einer Ausstellung zu Weizsäckers 100. Geburtstag 1986 standen wir beide vor dem Bild eines Flures in dem Institut, in dem sie damals während des Krieges arbeiteten. Hier erinnerte sich P. Christian: „Eines Tages hörte ich ein recht lautes Wort von V.v. W.: „Verlassen Sie diese Gebäude - sofort!“ Das galt zwei Gestapo Männern, die nach einem dort arbeitenden jüdischen Kollegen suchten. Ein solches lautes Wort, fast ein Gebrüll sei sehr ungewöhnlich für V. v. W. gewesen. Dass P. Christian mir davon berichtete, war auch für ihn und für mich ungewöhnlich.

Dazu eine kleine, aber nicht ganz unwesentliche Bemerkung P. Christians zu mir direkt. „Ich unterhalte mich gerne mit Ihnen. Was ist es, dass Sie mir so fremd sind? Ist es Ihr Protestantismus?“ Und dann - wie zur Entängstigung, denn natürlich spürte er meine Unsicherheit: „Was wir machen - unser Gespräch, ist kein streng wissenschaftlicher Diskurs. Wer sind Ihre Gesprächspartner? Hahn - mit dem müssten

Sie doch gut. Bergmann, Kröger, Ferner?" Wer sind Ihre Gesprächspartner? Eine Frage, die sich mir bis heute immer wieder stellt, die zu einem gelingenden Leben gehört.

E. R. P. zu P. Christian (fiktional): Sie erwähnten einmal, V. v. W. wäre Neukantianer, ein Mathematiker und doch auch ein Mystiker gewesen – wie Pascal, den er liebte, auf den ich mich selbst ja auch gerne berufe, auf dieses: Man sieht nur mit dem Herzen gut.[13] V. v. W. wollte keine Schule. Darin ähnelte er M. Balint. Mit der Arbeit über die ‚Heilsame Liebe' hat P. Christian sich schon 1958 weit hinaus gelehnt. Kritische Stimmen sagten, er habe sich im Hörsaal getäuscht, nebenan sei die Kirche. In seinem ‚Gegen den Strom Schwimmen' – war er später eher etwas zurückhaltender.

Dritte Aussage:

Ein zentraler Erinnerungsort ist der Körper.

Anatomie und Physiologie hatten wir als Studenten in der Vorklinik gelernt. Es ging um den Aufbau des Körpers, das Zusammenspiel von Muskeln und Nerven und seine Symmetrie, vorne und hinten, oben und unten, um das Gleichgewicht. Fest stand seit Hippokrates das Wissen um die Abhängigkeit von der Schwerkraft und von der Bewegung. Fest standen auch die Grundbedürfnisse wie Atmen und Ruhe, Nahrungsaufnahme, Verdauung/Stoffwechsel und Entleerung, Wachstum, Reifung, Schlafen und Sterben, Tod. Im ‚Denkorgan', dem Hirn blieben für mich drei Fragen eher unbeantwortet: Woher komme ich? Wo bin ich? Wo hinaus geht es mit mir?

„Der Körper, den ich habe, der Leib, der ich bin." Dieser Leitspruch der anthropologischen Medizin beantwortet keine Zukunftsfrage. Stärker ist da die Aufforderung: Werde, der du bist!

Der Körper, den ich habe, beachten wir oft zu wenig, es sei denn wir trainieren ihn. Aber wenn's uns nicht gut geht, spüren wir Müdigkeit, Unwohlsein, Schmerzen. Der Leib, der ich bin, ist beseelt. Seine Zei-

---

[13] Petzold E.R.: Geben Sie ihr doch die Hand! – Anmerkungen zur Balintarbeit und anthropologischen Medizin/Psychodynamische Psychotherapie 3, Schattauer Verlag, Stuttgart 2010

chen sind verborgener als die körperlichen. Verstimmungen, Angst oder Depression werden hier oft genannt. Der Leib meint das Ganze, auch das Immaterielle, der Körper wird vielmehr als etwas Materielles gesehen, weitgehend bestimmt durch seine Glieder, durch seine Organe. Wie kann ein Arzt mit Leib und Körper des Patienten umgehen? Darauf gibt es viele Antworten. Ich begann mit dem Autogenen Training, eine scheinbar ganz einfache Methode, sich den verschieden Möglichkeiten des Körpers - und der Seele zu nähern: „Heiß und kalt, schwer und leicht" sind die ersten Formeln, die der Anfänger bei diesem Training lernt und dann natürlich das gleichmäßige Atmen. Gruppenarbeit war mir aus der Basler Zeit bekannt (1969–1970). Warum nicht auch mit den Patienten der Klinik? Z. B. mit den Herzinfarkt Patienten, die damals mehrerer Wochen bei uns in einem Vier-Bett-Zimmer lagen?[14] Sehr viel später verstand ich das sog. pathische Pentagramm V. v. Weizsäckers: Müssen und Sollen, Wollen und Können und auch das Dürfen. Die pathischen Hilfsverben öffnen das ganze Spektrum des beseelten Leibes. Ihre Verneinung führt in ganzheitliches Denken: Nicht Müssen, nicht Sollen, nicht Wollen, nicht Können und nicht Dürfen. Das Zusammendenken dieser beiden gegensätzlichen Wege entsprach dem „Ja, aber nicht so. Wenn nicht so, dann anders!" V. v. Weizsäckers.

Bleiben wir bei dem Körper

P. Christian erinnerte sich an die Hochspringerin Ulrike Meyfahrt, die 1972 bei der Olympiade in München eine Goldmedaille gewann. Sie sei ein Vogelmensch. Sie gebraucht ihren Körper, bedenkt ihn aber nicht mechanistisch, sondern sie will fliegen. Sie will hoch hinaus. Ihr Ehrgeiz hat keine bestimmte Höhenmarke. Vor dem Absprung stellt sie sich vor, dass alles unterhalb der Latte eine Mauer sei. Dagegen will sie nicht anrennen. Die Wand ist ein Widerstand, den sie überwinden will. Die Angst vor einem Zusammenstoß mit einer Mauer ist leicht nachvollziehbar.

---

[14] Petzold E.; Reindell A.; Ferner H.; Schmitz P. Ansätze zur Objektivierung von Ergebnissen der kombinierten Autogenen Trainings-Gruppentherapie bei psychosomatisch und somato-psychisch kranken Patienten. Ver. dt. Ges. f. Innere Medizin., 84 Bd., 1538–1541 (1978)

Der Satz: „Der Körper, den ich habe, der Leib, der ich bin“, wird ergänzt durch diesen Satz von V. v. W., den wir wie einen Koan verstanden: „Nichts Organisches hat keinen Sinn, nichts Psychisches hat keinen Leib.“ Ohne Verneinungen meint das ganz einfach: Das Psychische braucht den Leib, aber ohne Psychisches, also ohne Geist ist der Leib eine leerer Körper[15].

P. Christian spricht von sich selbst verstärkenden Kopplungen und weist auf die vielfältigen Regelkreise unseres Organismus hin[16]. E. R. P. fragt: Sind Diagnosen und Therapien sich selbstverstärkende Rückkopplungsmechanismen? Wenn wir eine Diagnose stellen z.B. Hypertonie oder Anorexie, Bulimie, verstärken wir da ungewollt einen potentiell pathologischen Regelkreis? Unsere Sprache ist oft eindimensional, wenn wir eine Diagnose stellen. Die Sprache in der Medizin ist oft Teil eines geschlossenen Systems. Mehrdimensional kann sie durch die Abläufe werden. Früher war Latein die Sprache der Mediziner. Auch das war ein geschlossenes System.

Als Beispiel für die Öffnung eines geschlossenen Systems erinnert Christian (mdl. Mitteilung) daran, dass in Amerika der Hochdruck zurück gegangen war, nach dem man breiteste Aufklärung – also Öffnung betrieben hatte Das war in den siebziger Jahren des vorigen Jahrhunderts. Aufklärung kann den Blick für die Theorie von Handlungsabläufen öffnen.

Ein kleiner Handlungsvorschlag:

Ein Asthma Anfall ist schrecklich. Man hängt in einem geschlossenen System. Man bekommt die Luft nicht mehr aus den Lungen, stattdessen hat man Angst, keine neue Luft mehr zu bekommen. Dem zu begegnen, sagte Christian dem jungen Arzt: „Wenn Sie zu einem Patienten gerufen werden, der einen asthmatischen Anfall hat und Sie ihm eine Spritze geben, nehmen Sie sich die Zeit, setzten sich neben ihn. Während Sie ganz langsam spritzen, können Sie mit ihm sprechen.“

Am Beispiel der Situationshypertonie diskutierten wir die Vorstellungen der Patienten, die wenig mit diesem Begriff anfangen konnten. Oft hatten sie kaum ein Wissen ihrer Risikofaktoren. Können derartige

[15] Petzold E.R. frei nach Dolf Sternberger in der FAZ.1986.
[16] Petzold E.R.: Die Entdeckung der Bipersonalität. Balint Journal 2010; 11: 83–87

Vorstellungen oder auch Einstellungen zu manifesten Hypertonien führen? Was verbarg sich hinter dem Begriff der „essentiellen Hypertonie"? Physikalisch sah man eine Störung des Verhältnisses von Herzzeitvolumen zum Gefäßwiderstand; pathophysiologisch eine Störung der Regelkreise, die den Blutdruck im Normbereich konstant halten. „Der Hochdruck entwickelt sich gewissermaßen über sich selbst, indem eine mangelhafte Kontrolle und misslingende Rückführung auf den Normwert zwangsläufig zu erhöhten und schließlich fixierten Werten führt ... Schwerpunkte in diesem Regelsystem sind das sympathische – adrenale System, das Renin-Angiotensin-System sowie die renale Natrium- und Wasserexcretion und dementsprechend alle Faktoren, die diese beeinflussen.[17]

Im Gespräch kamen wir auf die epidemiologischen Zahlen von Prof. Egbert Nüssel. „Gebende Epidemiologie, Prävention" stand für ein ‚Konzept, die Risikofaktoren für Herzkreislaufstörungen in ganz Deutschland zu verringern, „ganz Deutschland zu vernüsseln". Bewegungsmangel, Übergewicht, Stress sollten bekämpft und präventiv angegangen werden. Die Gefahr von Schlaganfällen oder Herzinfarkt minimieren. „Vernüsseln" konnte man in einer Ärzte Zeitung nachlesen. P. Christian: Ja, so sagte man. Das Risiko wurde damals wie heute von den potentiellen Patienten unterschätzt. Prof. Nüssel fand heraus, dass bei der ersten Messung 1/3 der untersuchten Normotoniker einige Jahre später einen latenten Hypertonus entwickelten.

Welche Rolle spielen die Barorezeptoren bei der Entstehung eines Hochdrucks?

„Die kurzfristige Blutdruckregelung durch die Barorezeptoren wird schon durch eine wenigen Tagen anhaltende Drucksteigerung durch Verschiebung der Reizschwelle („resetting") gestört. Die Barorezeptoren registrieren den erhöhten Druck als „normal." Bedeutsamer aber sind wahrscheinlich die langfristige Regelungen, die eine spontane Druckminderung verhindern."
(PC a.a.O. S. 249)

Beispiel für die Blutdruckveränderung kann eine auslösender Konfliktsituation sein: Das Bild zeigt mit den Pfeilen den Beginn und das

---

[17] P. Christian: Anthropologische Medizin, Springer, 1989 S. 249

Ende physiologischer Erregungen während eines sog. Konfliktgespräches.

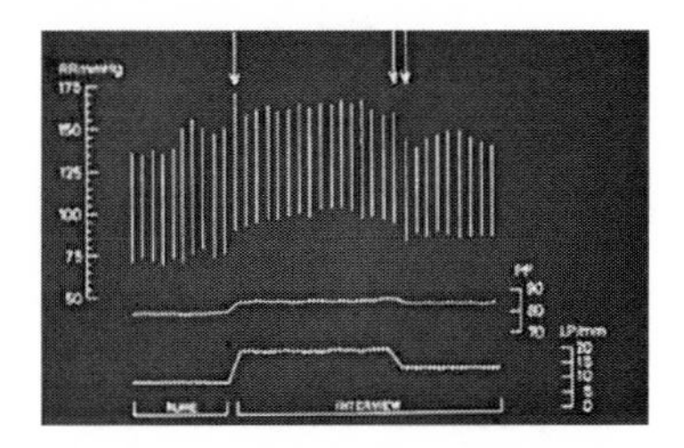

Worum ging es in diesem Konflikt Gespräch? Wenn ich mich recht erinnere, scheute der Patient vor einem Kondolenzbesuch bei der Frau seines verstorbenen Freundes. Wie und was kann ich ihr sagen? Der Blutdruck stieg an (1. Pfeil). Nachdem wir darüber gesprochen hatten, es „raus“ war, senkte sich der Blutdruck (2. Pfeil)

Kybernetik und Gestaltkreis

„Kybernetik ist die Wissenschaft von Kontrolle und Information“, gleichgültig, ob es sich um Lebewesen oder maschinelle Systeme handelt“ In dieser Hinsicht hat Norbert Wiener den Begriff „Kybernetik“ eingeführt, „um einen Ansatz zu finden, unter dem man gleichzeitig biologische und mechanische Ideen erörtern kann,“ so beginnt P. Christian zusammen mit F. J. Buytendijk einen Essay über Kybernetik und Gestaltkreis als Erklärungsprinzip des Verhaltens (1963)[18]

Theoretisch stellten P. Christian und F. J. Buytendijk den Gestaltkreis und das Phänomen des Wahrnehmens durch Bewegung dem kybernetischen Modell gegenüber. Eine Bewegung öffnet ein System und führt zu neuen Informationen. Dadurch vollendet sich der Gestaltkreis. Das ist umfassender als die Kybernetik. Sehen und Hören, der Gang, das Gleichgewicht, Greifen, Tasten- all das, wurde als biologische Akte verstanden. Die Intention verbindet sich mit dem Wunsch nach Messbarkeit. Diesen Wunsch hatten die Kybernetiker wie

[18] Buytendijk F.J. & P. Christian: Kybernetik und Gestaltkreis als Erklärungsprinzip des Verhaltens, Sonderdruck , Nervenarzt 3. Heft 1963 S.97-104

V. v. W. und die Mitarbeiter des Gestaltkreises gemeinsam. Technische Regelkreise, Leitungs- und Leistungsprinzipien wurden diskutiert. Für Phänomenales, Spontanes und Subjektives schien in der Kybernetik kein Platz zu sein.

Dem widerspricht eine kleine Anekdote, die Heinz v. Förster über Norbert Wiener, den „Erfinder" der Kybernetik erzählte. In späteren Jahren schon an einer Demenz erkrankt, trat er auf der Straße zu einer Gruppe von Kollegen, die sich über ein Problem unterhielten. Er half bei der Lösung. Dann fragte er sie aus welcher Richtung er gekommen sei und nahm die entgegengesetzte Richtung, um nach Hause zu gehen. Weiter erzählte H. v. Förster, wie Norbert Wiener dann vor einem Haus stand und etwas ratlos ein kleines Mädchen, das neben ihm stand, fragte: „Wohnen hier nicht die Wieners?" „Doch Papa", antwortete sie, „aber wir sind umgezogen." Bei Begegnungen können wichtige Informationen ausgetauscht werden.

H. v. Förster gehörte als Emigrant zu jener Arbeitsgruppe, die sich schon während des II. Weltkrieges mit Fragen der Kybernetik befasste. Von ihm stammt der schöne Satz: Willst du erkennen, musst du handeln. Das aber wiederum ähnelt doch sehr den Aufforderungen von Weizsäckers, um das Leben zu erkennen, müsse man sich am Leben beteiligen.

P. Christian erweitert konsequent die Formel von der ‚Einführung des Subjektes in die Medizin' durch den Begriff der „Bipersonalität", einer Vorwegnahme der partnerschaftlichen Medizin unserer Tage, die die eher patriarchalische früherer Zeit abgelöst hat. „Medizin als dialogische Handlungswissenschaft". Lolas erinnert (S. 116): 1939 habilitierte sich Christian mit einer Studie zu Wirklichkeit und Erscheinung in der Wahrnehmung von Bewegung. Wenig später nach dieser Habilitation erschien Weizsäckers Gestaltkreis. Theorie der Einheit von Wahrnehmen und Bewegen (1940). Lolas betont den außerordentlich großen Beitrag Christians zu diesem Werk. Es sollte das Thema seines ganzen Lebens werden. Die Unterscheidung von Wahrnehmung und Wahrnehmen (Ereignis und Prozess) und zwischen Bewegung und Bewegen. Dies habe seine Gespräche (Lolas) mit Christian begleitet – und auch meine.

Aus der Arbeit über die Bipersonalität sei hier der entscheidende

Punkt festgehalten: „Es gibt Wirklichkeiten, die nur im Verhältnis zweier Personen Inhalt haben. Dazu gehören Sexualität, Liebe, Freundschaft, Partnerschaft im Verband einer Arbeit, gemeinsames Spiel, Sport, ferner Sprache, Brauch, Sitte und Moral. All das wird nur im zwischenmenschlichen Bereich konkret".

Der empirische Teil der Christian, Haas'schen Untersuchung zur Bipersonalität ist reine Arbeitsphysiologie. Der Baumsägeversuch, dem ein oberbayrischer Hochzeitsbrauch zugrunde liegt, wird eingesetzt, um zu erkunden, was bei der Zusammenarbeit von zwei Akteuren- den Sägenden - entsteht. Verdoppelt sich ihre Leistung, halbiert sie sich? Bei der Analyse der Ergebnisse der Arbeit stellen sie fest: „Wir sind nicht so autonom, wie wir meinen. Unser Gefühl der Autonomie, d.h. des gesunden Verfügen Könnens über die eigenen Kräfte setzt- ohne dass wir es bemerken- das harmonische ergänzt Werden unserer Leistungen durch Gegenleistungen der Umgebung voraus. Gerade dann, wenn beide Beteiligten sich auf dem Höhepunkt einer gekonnten Zusammenarbeit maximal selbstständig erleben, zeigt die Analyse, dass beide objektiv in strenger Gegenseitigkeit der Abläufe verbunden sind. Daraus folgt, dass bei dem gemeinsamen Tun das (subjektive) Erlebnis freier Selbstständigkeit (Autonomie) nur dadurch gewonnen wird, dass die Gegenseitigkeit des Tuns objektiv erreicht wird"[19]

Für ihre Ausgangsüberlegung hatten Christian und Haas eine Anregung von Dilthey aufgenommen: „Das Verstehen anderer Menschen erwächst zuerst in den Interessen des praktischen Lebens. Hier sind die Menschen aufeinander angewiesen, sie müssen sich verständlich machen um dessen willen, was sie gemeinsam treiben. Einfache Hantierungen mit Werkzeugen: z.B. das Sägen von Holz werden verständlich, sofern ihr Zweck verstanden wird"[20].

Das Modell war exemplarisch für die allgemeine Struktur der handwerklichen Zusammenarbeit, das gemeinsame Ziehen oder Schieben, Tragen einer Last. Sie sahen keine prinzipiellen Unterschiede zu einem Duett oder Walzertanz, einem paarweise geordneten Spiel. Gemeint ist grundsätzlich ein solidarisches, sinnvolles und ernsthaftes

[19] So zitiert von Th. v. Uexküll in Psychosomatik S.45, 1995 P. Christian und R. Haas (1949)
[20] Dilthey, zitiert nach Christian und Haas a. a. O. 1949.

Tun. Es gehört zum „Werk“, dass nicht zwei miteinander etwas belangloses so obenhin „treiben“, sondern dass sie sich intensiv und ernsthaft für ein sinnvolles Anliegen einsetzen (a. a. O. S. 9). Wird diese Forderung nicht eingehalten, so verflacht die Arbeitsgemeinschaft, die Partnerschaft zerfällt und es entstehen charakteristische Scheinbegegnungen, Kümmer- und Verfallsformen.

Die Bipersonalität wird durch 5 Punkte charakterisiert, deren Bedeutung für die Arzt - Patient Beziehung und für die Evaluation einer anthropologischen Medizin kaum überschätzt werden können: 1. Die Partnerschaft ist eine von vornherein gegebene Tatsache. 2. Einigend ist das gemeinsame Werteziel. 3. Fundierend für die Zusammenarbeit ist die Gegenseitigkeit. 4. Die beteiligten Subjekte sind nicht „autonom“. 5. Die Solidarität gründet in Selbstverborgenheit.

Ein Freund kommentiert (oder ist es P. Christian selbst?):
Im Gestaltkreis ist die Beziehungsstruktur zwischen der Wahrnehmung und Bewegung ein System. In der Bipersonalität wird das System als eine Einheit verstanden, in der die Selbstständigkeit des Einzelsubjektes eine FIKTION ist. Das Individuum ist faktisch „Person“, d. h. nur innerhalb einer bipersonalen Rückbeziehung konkret vorhanden - auch wenn diese Person sich als Einzelgänger benimmt und dann „unverhältnismäßige“ Bedeutung gewinnt. Jeder ist so im Grunde durch den Anderen bestimmt: Sohn eines Vaters, Assistent eines Arztes. Unser Dasein ist doppeldeutig.[21] Das ist aus der heutigen Sicht mit dem Konzept der Mentalisierung sowie der Entdeckung der Spiegelneurone und den neurobiologischen Grundlagen der Empathie zu erweitern (G. Rizzolati, 1992; J. Bauer. 2006).[22] Einen umfassenden Überblick gewannen wir bei dem 18. Internationalen Balint Kongress in Heidelberg mit dem Leitthema: ‚Attachement and Relationship - the Frame of Balint work‘, den G. Bergmann als Vorsitzender der DBG 2013 organisiert hatte.

Spätere Variationen folgen im Bild dem Kaleidoskop. Ein Blick hindurch, ein kurzes Schütteln und schon wieder ein neues Bild. Das Bild, genauer der schnelle Bildwechsel zeigt die Dynamik, die wir wahrneh-

---

[21] Christian P. und R. Haas: Bipersonalität a. a. O. S. 1 /2.
[22] Bauer J.: Warum ich fühle, was Du fühlst. Heyne, 2006

men, der wir uns aber auch aussetzen, wenn wir die 'Quantenphänomene der Holistik' in Augenschein nehmen.

Die innere Bewegung in den letzten fünfzig Jahren (die intrapsychische, die interindividuelle und die intergruppale) führte von der Dyade oder Bipersonalität der Arzt-Patient-Beziehung als dem ‚kleinsten gemeinsamen medizin-ethischen Nenner' in der Medizin hin zu den komplexeren Systemen, denen der Hausarzt, der Balintarzt, der Familiendoktor und auch der systemkompetente Arzt heute begegnet. Ohne Rückverhalt im jeweils anderen sind wir diesen Systemen hoffnungslos ausgeliefert. Der Begriff: ‚kleinster gemeinsamer medizin - ethische Nenner' fasst auch das zusammen. Wir sprechen von struktureller Kopplung', ihrer Voraussetzung und ihren Perspektiven[23].

Die strukturelle Kopplung ist nach den chilenischen Neurobiologen Humberto Maturana und Francisco Varella eine Struktur, mit der ein System seine Autopoiesis – also seine Selbstorganisation durchführen kann.

1. *Jedes autopoetische System operiert als strukturdeterminiertes System. Dazu gehören auch die medizin-ethischen Systeme. Medizinethik beziehen wir auf Diagnose, Therapie und Forschung, auf die Arzt Patient Beziehung, auf die Aufklärung des Patienten, seine Begleitung im Leiden, den Beistand beim Sterben. Die Aufklärung schließt Ursachen, Prognose und die möglichen Folgen der Behandlung mit ein. Dabei bestimmt der Patient, wieweit er in die ‚Treppe der Aufklärung' hinauf- oder hinabsteigen will.*
2. *Die eigenen Operationen, Aufgaben und Funktionen bestimmen die Strukturen. Geschlossenheit, Selbstdetermination und Selbstorganisation machen ein System in hohem Maße – und darin liegt nach Maturana und Varela der evolutionäre Vorteil – kompatibel mit Unordnung in der Umwelt oder genauer: Mit nur fragmentarisch, nur bruchstückhaft, nicht als Einheit geordneten Umwelten. Die Suche nach dieser Einheit ist eine medizin- ethische Frage.*
3. *Strukturelle Kopplungen müssen analoge in digitale Verhältnisse*

[23] Perlitz V. und Petzold. E. R.: Vom Gestaltkreis zur Synergetik: Die Bedeutung irreversibel-struktureller und dynamisch-funktioneller Kopplungen PPmP 10/2006

umformen. Die Verbindung des Kommunikationssystems zu dem des Bewusstseinssystems ist eine Funktion der Sprache. Das ergibt sich aus der narrativ basierten Medizin. Wenn jemand sich etwas von der Seele redet, geht der Weg von dem Symptom über die Emotion zum Narrativ – der Hörende ist genauso bewegt wie der Erzählende und der Weg geht weiter über die Reflexion zur ärztlichen Handlung oder aber auch zum Nichts-Tun, zum „Lassen"

4. *Ein kontinuierliches Nebeneinander wird durch Sprache in ein diskontinuierliches Nacheinander verwandelt werden. Sprache setzt voraus, dass das System interne Möglichkeitsüberschüsse erzeugt.*

5. *Alle Umweltbeobachtungen setzen die Unterscheidung von Selbstreferenz und Fremdreferenz voraus. Diese Unterscheidung kann nur im System selbst getroffen werden. Neben dem, was man beobachtet, steht das, wie man beobachtet. Für psychische und soziale Systeme sind diese Möglichkeitsüberschüsse durch das Medium Sinn vorgegeben – Re-entry (s. u.).*[24]

---

[24] Luhmann N., Die Gesellschaft der Gesellschaft, Suhrkamp S. 100 ff, 1997.

Kap. II
Familiäre Dimensionen - Das Konzept der Familienmedizin

- und der simultandiagnostische Würfel

Die Medizin ist im Umbruch. Im Wandel des Krankheitspanoramas werden neue Dimensionen relevant, die von einem umfassenderen Verständnis von Gesundheit und Krankheit ausgehen. Wir lernten mehr über die Auswirkungen dieser Zusammenhänge auf Gesundheit und Krankheit des Menschen. Wir lernten auch mehr über die Einflüsse, wie eine Familie mit Gesundheit und Krankheit umgeht.[25],[26] diesem Konzept in erster Linie Ganzheiten und Muster. Gefühl entsteht und vergeht langsam. Sein Instrument und Sitz ist vorwiegend rechtshemisphärisch im Gehirn.

Die Aachener Studenten reagierten stärker auf das bio-psycho-soziale Modell, wie es George Engel in den sechziger Jahren in Rochester/USA formulierte. Es berücksichtigt - ähnlich wie die vorgenannten Konzepte - das Zusammenwirken von Körper, Psyche und sozialem Umfeld. Er verbindet Natur- und Sozialwissenschaft zu einer neuen Handlungswissenschaft. Die Weiterentwicklung dieses Modells führt zur familienorientierten Medizin .

Die Aachener Studenten reagierten stärker auf das bio-psycho-soziale Modell, wie es George Engel in den sechziger Jahren in Rochester/USA formulierte. Es berücksichtigt - ähnlich wie die vorgenannten Konzepte - das Zusammenwirken von Körper, Psyche und sozialem Umfeld. Er verbindet Natur- und Sozialwissenschaft zu einer neuen Handlungswissenschaft. Die Weiterentwicklung dieses Modells führt zur familienorientierten Medizin.

Die psychoanalytische begründete Psychosomatik hat sich in den

---

[25] Kersting H. J.: „In einer Therapie riskiert sich der Therapeut genauso wie der Patient". Ein Gespräch mit E. R. Petzold In: H. J. Kersting (Hg.): Der Zirkel des Talos - Gespräche mit Systemischen Therapeuten; Institut für Beratung und Supervision, Aachen, S. 295-309, 1999

[26] Brandenburg Ulrike: Ernst Richard Petzold - ein Grenzgänger, in: H. J. Kersting (Hg.): Der Zirkel des Talos - Gespräche mit Systemischen Therapeuten; Institut für Beratung und Supervision, Aachen, S. 311-316, 1999

siebziger und achtziger Jahren zunehmend mehr mit den Fragen der Beziehungen, der Kommunikation, der Übertragung und Gegenübertragung befasst. Während sie bei Freud viel mehr um Trieb-, Instanzen- und Abwehrlehre zentriert war, also auf intrapsychische Prozesse, richtete sie später sehr viel mehr ihre Aufmerksamkeit auf Objektbeziehungen und damit auf die Intersubjektivität. Luc Ciompi, ein Schweizer Kollege, fasste psychoanalytische und systemtheoretische Gedanken in einem Konzept der Affektlogik zusammen.[27] Interpsychische Familien- und intrapsychische Individualdynamik würden sich dabei so verhalten wie Vorgänge auf molekularer und atomarer Ebene. Werden diese Ebenen einander als Gegensätze und Widersprüche gegenübergestellt, so wird der Blick für die Möglichkeiten vernebelt, die sich bei einer Synthese beider Theorien eröffnen. In seiner Argumentation berief sich Ciompi auf Piaget (1923/26). Piaget beschrieb seine psychologischen Konzepte, die „Schemata“ als homöostatisch regulierte Systeme bzw. Strukturen, die im Laufe der kindlichen Intelligenzentwicklung in einer Reihe von präzisen Entwicklungsschritten in einem dialektischen Wechselspiel zwischen „Assimilation“ (der Aufnahme von Außenreizen) und der „Akkommodation“ (der Anpassung der entsprechenden innerpsychischen Schemata) optimal auf die Bewältigung der begegnenden Realität eingestellt werden. Analoges würde sich bei einer „Affektlogik“ ereignen. Mit Affektlogik meint Ciompi das Zusammenspiel der Gefühle und des Denkens, der Affekte und der Logik in einer „ganzheitlichen „Psyche“, aus dem sich ein Verständnis von gesunden und krankhaften Phänomenen entwickele. Fühlen und Denken seien im psychischen Erleben nicht gesondert, sondern in ihrem ständigen engen und untrennbaren Zusammenwirken zu verstehen. Damit beschrieb Ciompi die Entwicklung psychischer Strukturen und das psychische Geschehen auf affektiver, familiärer und sozialer Ebene. Psychoanalyse und Systemtheorie ständen in einem komplementären Verhältnis zueinander.

Die Familie ist eine der größten Ressourcen unserer Gesellschaft. Dies wurde in vielen Untersuchungen belegt u.a. in „Invisible Loyalities“ [28], in der Systemischen Familientherapie (Susan McDaniel,

---

[27] Ciompi Luc: Die emotionalen Grundlagen des Denkens- Entwurf einer fraktalen Affektlogik, Vandenhoeck & Ruprecht, Göttingen 1997

[28] Boszormenyi – Nagy I. et al. : Invisible Loyalities, Harper New York1973

1997) und in der Familienkonfrontationstherapie (E. R. Petzold, 1978)[29].

Das ‚familienorientierte Modell‘ hat sich in den letzten Dekaden in den Vereinigten Staaten, in den Niederlanden und in unserer eigenen Arbeitsgruppe zum Modell der Familienmedizin weiterentwickelt[30]. Kooperation und Solidarität werden zu einer neuen Strategie verknüpft u. a. für Systeme in der Gesundheitsfürsorge wie S. McDaniel (Nachfolgerin von G. Engels in Rochester) anhand ihrer Erfahrungen als Familientherapeutin aufzeigt.

Um die Möglichkeiten einer Familienmedizin wirklich nutzen zu können, bedarf es der Bereitschaft zur wechselseitigen Beziehungsaufnahme und -pflege. S. Mc Daniel nennt dies ‚kooperativ‘. Sie meint damit ‚respektvolle Partnerschaft‘ und ‚geteilte Macht‘, d. h. der Arzt hat eine gewisse diagnostische Macht, um aus einem unorganisierten Beschwerdebild eine organisierte oder organisierbare Krankheit zu machen. Die Diagnose, wissenschaftlich abgeleitet, kann aber nie eine allgemeine sein, sondern nur eine individuelle, die sich am Patienten und seiner Hilfsbedürftigkeit orientiert. S. McDaniel nimmt damit einen Grundgedanken M. Balints und V. v. Weizsäckers wieder auf, dass der Patient seinerseits einen großen Einfluss auf die Gestaltung seiner eigenen Krankheit hat.

Es geht bei der Familienmedizin auch um die sog. vierte Dimension der Heilung, der ‘Heilung in Beziehungen‘ neben den drei Dimensionen: Spontanheilung, Reparatur- und Defektheilung. Sie beginnt mit einem respektvollen Umgang miteinander, nützlich dabei sind Kooperation und Solidarität und die wichtigen Aspekte: Selbstkompetenz und Verbundenheit. Diese Begriffe reflektieren die individuelle Autonomie in einem Beziehungskontext und sind vergleichbar mit den Grundbegriffen der Anthropologischen Medizin: Umgang, Gegenseitigkeit und Solidarität. Diese Begriffe stehen für drei unterschiedliche Ebenen, die des Verhaltens, der Interaktion und der allgemeinen gesellschaftlichen Situation (Fritz Hartmann, Hannover, mdl. Mitteilung,

[29] Petzold, E.: Familienkonfrontationstherapie bei Anorexia nervosa, Vandenhoeck & Ruprecht 2. A.1981

[30] Kröger, F.; A. Hendrischke ; S. Mc Daniel,: Familie, System und Gesundheit. Carl Auer, Heidelberg 2000)

2001). Sie sind eine notwendige Voraussetzung einer praktizierten anthropologischen Medizin.

Selbstkompetenz beruht auf der persönlichen Erfahrung von Können und Macht. Sie gewährleistet die Fähigkeit, das eigene Leben aktiv zu gestalten. In einer eigenen Arbeit hat D. Wälte, Aachen diesen Ansatz weiter differenziert zur ‚Erwartung der Selbstwirksamkeit' gleichsam als ‚Maß für die Entwicklung von Gesundheit'. Verbundenheit betont den kommunikativen Austausch der Familienmitglieder und der Anbieter von Gesundheitsdienstleistungen. Wir sind mit S. McDaniel/ USA davon überzeugt, dass Patienten und Familien nicht nur als Kunden kommen, sondern auch als ‚Partner'. Dies entspricht V. v. Weizsäckers ‚Einführung des Subjekts' und R. Siebecks 'Medizin in Bewegung': „Viele Wissenschaften stellen sich ihre Gegenstände zurecht; die Medizin wird von ihrem Gegenstand gestellt und das in einer fordernden, drängenden Weise des Hier und Jetzt (...). Nicht nur die Vielfalt der Gestalten, auch deren lebensgeschichtliche Wandelbarkeit verändert diesen Gegenstand zum Partner"[31].

Die Veränderungen auf dem Gebiet des Gesundheitswesens, der Krankenversorgung und der Wandel des Krankheitspanoramas, machen dieses Wissen zu einer conditio sine qua non des Heilungsprozesses. Dabei spielen auch die wachsenden Ansprüchen der Patienten und ihre zunehmende Mündigkeit eine wesentliche Rolle. Wir können es uns nicht mehr leisten, die Wahrnehmungen des Patienten, seine subjektiven Beschwerden, sein Wissen und das seiner Familienmitglieder unberücksichtigt zu lassen.

In der systemischen Familientherapie hat sich folgendes methodisches Vorgehen bewährt:

1. Die biologische Dimension der Krankheit erkennen und anerkennen.
2. Abwehrhaltungen respektieren, von Schuldzuweisungen entlasten, inakzeptable Gefühle annehmen.
3. Das Gespräch in der Familie aufrechterhalten.

---

[31] Hartmann F 1975, S. 65f. zitiert v. A. Labisch in GW Gesundheit 1999

4. Die Familienidentität stärken.
5. Die Krankengeschichte der Familie und ihre Bedeutung erarbeiten.
6. Information, psychologische Beratung und Unterstützung erarbeiten.
7. Das Gefühl der Selbstwirksamkeit der Familie stärken.
8. Der Familie in Empathie verbunden bleiben.[32]

Wir erkannten anfangs der siebziger Jahre die Bedeutung der Familie bei der stationären Behandlung eines magersüchtigen Jungen. Er war extrem abgemagert. Man verfolgte damals die These, dass es das familiäre Umfeld sei, das zur Magersucht führe. Um dem Umfeld auszuweichen, baten wir die Familie, den Jungen in den ersten Wochen auf der Station nicht zu besuchen. Die Eltern hielten sich an dieses Gebot, nicht aber die Großeltern, die trotz unserer Bitte fast täglich am Bett des Jungen saßen. Ihre Zuwendung tat ihm so gut, dass wir unsere Strategie änderten. Später sprach ich von der Familienkonfrontationstherapie (FKTh). Jede Familie wird mit Krankheiten konfrontiert, mitunter und gar nicht so selten mit Verwicklungen, die weit in die Vergangenheit zurückreichen. Das führte zu einer erste Übersicht über die Familienkonfrontationstherapie bei Anorexia nervosa. [33] Wir schrieben über die ersten Erfahrungen mit 13 Magersüchtigen Patienten, die wir in der Mitte der siebziger Jahre in der Krehl Klinik behandelt hatten. Drei dieser Patientinnen hatten wir verloren. Sie waren gestorben. Hatten wir etwas versäumt? Ja, wir hatten etwas versäumt. Das fiel mir auf, als der Vater einer der drei Verstorbenen mit seinen Söhnen bei mir war. Die Patientin war Mitte der zwanziger Jahre. Sie hatte sich immer strikt dagegen gewehrt, ihre Eltern zu sehen. Bei ihrem Psychotherapeuten sprach sie immer nur von: „Der Mann, die Frau“, wenn das Gespräch auf Vater und Mutter kam.

Eine Zusammenstellung über das, was wir alles therapeutisch ver-

---

[32] Mc Daniel S. zitiert nach F. Kröger und S. Altmeyer: Von der Familiensomatik zur systemischen Familienmedizin, Carl Auer, Heidelberg 2000.

[33] Petzold E.; Vollrath P.; Ferner H.; Reindell A.: Familienkonfrontation – Beitrag zur Therapie der Anorexia – nervosa Patienten. Therapiewoche 26, 7, 970–977 (1976)

sucht hatten, führte zu dem Ergebnis: Wir hatten uns auf die jeweiligen Patientinnen konzentriert, die familiäre Tiefendimension aber nicht berücksichtigt. Familientherapie war damals absolutes Neuland.

Meine familiäre - systemische Sicht hatte es Christian angetan. Er schrieb mir: ... Mir selbst scheint das, was Sie andeuten, zu dem zu passen, was durch die „Systemiker“ wie Maturana in die allgemeine Diskussion gekommen ist“.

Zentrale Aussage:

„Ein System verändert sich nur, wenn sich seine Interaktionsbereiche verändern.“ (P. Christian mdl. Mitteilung 7.7.1986)

Wir fragten uns: Was ist ein System? Im Griechischen bedeutet das Hauptwort Systema: Zusammenstellung, Gruppe und Gesamtheit. Das Verb systemi bedeutet: zusammenstellen, vereinigen und auch aneinandergeraten. Der Internist denkt bei dem Wort ‚systemisch‘ an bestimmte Erkrankungen (z. B.: Leukämie, Kollagenosen) und an bestimmte Therapieformen (z. B. systemische Chemotherapie). In dem uns vorgegebenen klinisch-psychosomatischen Kontext trafen wir überwiegend internistisch erkrankte Patienten, die in dem Feld einer Medizinischen Klinik auf Schwestern, Ärzte, Studenten und Verwaltung treffen, auch das ein mitunter schwer zu durchschauendes System. Vereinfacht sprachen wir von dem bio-psycho-sozialen System, um kognitive und emotional- affektive Bereiche zusammenzubringen. Eine daraus entstandene Arbeit zusammen mit G. Bergmann über die individuelle Aufnahmesituation und systemisches Symptom Verständnis.[34] „Konfrontation im Systemischen (KIS)“ war 1986 unsere Antwort auf die o. g. Frage.

FKTh - war ein klassisches Beispiel für die Überwindung vorgegebener Behandlungskonzepte bzw. Handlungsabläufen, deren Ineffektivität sich aus der Beobachtung klinischer Verläufe ergeben hatte. Es war der Biologe W. Ross Ashby, der von Veränderungen 2. Ordnung sprach und damit Wandlungen beschrieb, bei denen dynamische Sys-

[34] Petzold E.& G. Bergmann: Konfrontation im Systemischen (KIS). Die Familiendimension in einem klinischen System. Prax. Psychother. Psychosom. 31, 87-95 (1986)

teme ihre Struktur sprunghaft, von einem Moment zum anderen veränderte. Dem war der Gestaltkreis vorrausgegangen. Die Kybernetik bot eine Theorie der Veränderung an, die außerordentlich evozierend war. Statt „gestörter“ physiologischer Prozesse wurde „gestörte“ Kommunikation untersucht. Darüber haben wir viele Jahre gearbeitet und publiziert, besonders auch mit Familien mit einem an Anorexia nervosa erkrankten Mitglied. (1992)[35]

Am Ende meiner Heidelberger Zeit wurde ich um meine Gedanken über das Geschichten - Erzählen gebeten. Daraus entstand diese Liste:

1. Erkenne, benenne: Das Thema, das Problem, den Konflikt, die Schwierigkeit.
2. Erkenne, benenne: Die handelnden Personen, Tiere, Pflanzen, Gnome, Hexen, Völker, Maschinen.
3. Erkenne, benenne: ihre Stärken und Schwächen, ihre Gefühle und Ihre Gedanken, ihre Wünsche und Ängste, ihre Hoffnungen und Verzweiflung, ihre Höhen und Tiefen.
4. Erkenne, benenne: Du verfolgst einen Zweck und hast einen Plan – vielleicht willst du helfen und hast Zweifel, ob Hilfe von außen angebracht ist. Zweifel wie sie uns ja alle bei der weltweiten Entwicklungshilfe überkamen. Vielleicht sympathisierst du mit der Hilfe zur Selbsthilfe, denkst an die Ressourcen und Kraftquellen, die jeder in sich trägt - wie auch immer.
5. Erkenne, benenne: Die klassischen körperlichen Zugangswege deiner Patienten/Klienten zu dieser Welt. Sind sie visuell oder akustisch, sensomotorisch oder alexythym? Hast du ihre Sprache verstanden (sensomotorisch), ihre Tonlage gehört (akustisch)? Oder die Veränderung ihres Gesichts beobachtet (visuell) als die Erinnerung kam (sensomotorisch)?
   (In dem Film von „ Gottes vergessenen Kindern“ hast du gesehen: Als er sich setzte, blieb sie stehen. Als sie sich setzte, stand er auf.

[35] Herzog W. et al: The Course of Eating Disorders, Springer, 1992

Dann aber saßen sie beide und er überschlug seine Beine. Imitierte sie ihn daraufhin bewusst oder ganz ohne Absicht? Jedenfalls war es ein „Pacing" wie es leichter kein Milton Erickson einsetzte und keine Geringeren als Grinder und Bandler, bei denen Sie diese Techniken nachlesen können. In ihren neurolinguistischen Programmen, die Sie kennen sollten, auch wenn Sie Bedenken haben, wegen der Manipulationen in ihren hypnotherapeutischen Ansätzen.

6. Erkenne, benenne: Die Verwicklungen, die sich jeweils ergeben aus These und Antithese. Du weißt, jedes Ding hat seine zwei Seiten. Vom Anbeginn der Welt, Licht und Schatten, Tag und Nacht, Mann und Frau.
   Und das Wort war dabei wie das Dritte, das gleichsam für die Synthese steht. Für die Einheit der Vielfalt. Bis Babylon kam und der Verlust der gemeinsamen Sprache.

7. Erkenne, benenne: Die Lösung oder halte sie offen für deinen eigenen Weg.

Simultandiagnostik und Simultantherapie

Die Rückbezüglichkeit des Gestaltkreises, das Wahrnehmen und die Bewegung, die Bipersonalität (Paul Christian), den Methodenkreis (Peter Hahn) haben wir im simultandiagnostischen und im simultantherapeutischen Würfel subsummiert. Körper und Seele/Psyche, Psychodynamik und Familiendimension, Institution und Theorie sind zueinander in Beziehung zu setzen. Das Ziel dieses Modells ist die Gesamtdiagnose, bei der körperliche und seelische Befunde, die psychodynamischen Befunde wie die aus der Familie, aus der man kommt, oder wie die der Institution, in der gearbeitet wird (Arbeitsumfeld), und auch die Theorien berücksichtigt werden. Sie bilden den jeweiligen Hintergrund. Die Regeln und Muster dieses Zusammenspiels sind neu zu lernen, die Gleichzeitigkeit von Vordergrund und Hintergrund ist immanent. Klinische und Balint-Gruppen-Erfahrungen können dies transparent machen.

Der simultandiagnostische Würfel

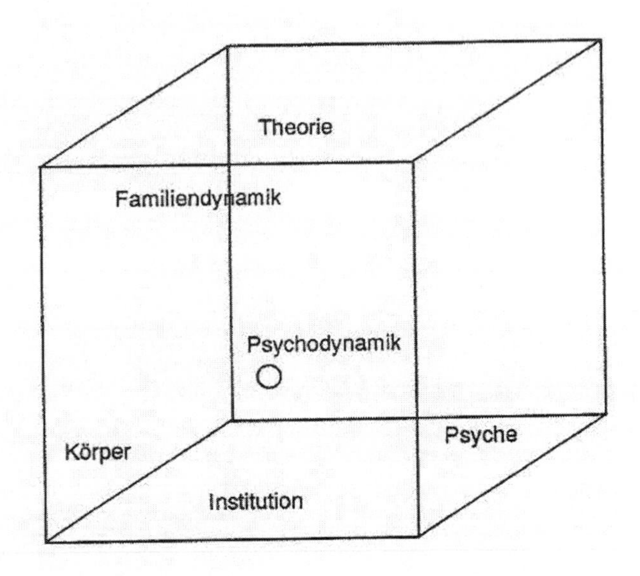

Abb. 1 : Der Simultandiagnostische Würfel

Als ich diesen Würfel zum ersten Mal beschrieb, kommentierte Christian:
„Er ist bemerkenswert „provokativ" und „systemisch" – aus folgenden Gründen: Es ist der so genannte Necker' sche Würfel, die bekannteste der so genannten „Umspringfiguren". Der Kreis in der Mitte der Front ist beim Identifizieren dieser Front, die sich entweder vorn oder hinten befindet, eine Hilfe. Suche ich ein „Symptom" an der Front der körperlichen Störungen, werde ich immer nur die vordere (oder hintere) Front ausmachen. Es wird immer nur <u>eine</u> von zwei möglichen Erscheinungsformen gesehen. (Vorder- oder Rückseite). Das hat aber immer mit dem Zwang des Umspringens beim längeren Hinsehen zu tun. Das geschieht „von selbst", das eine enthält also auch das andere komplementär (somatisch/psychisch). Man kann die Front aber auch plötzlich oben oder unten sehen und dann die linke oder rechte Seite (Psychodynamik und Familiendimension). Eccles hat mit den Über-

sprungsfiguren versucht, seine dualistisch-interaktionistische Formulierung des Gehirn-Geist-Problems zu entwickeln. Ich (P.C.) sehe hier eher etwas „Systemisches“. Die Sache geht nämlich über das „Komplementäre“ hinaus, und das „Umspringen“ ist weder „somatisch“ noch „ kognitiv“ zu erklären“.

Ludwig Wittgenstein schrieb vor fast hundert Jahren in seinem Frühwerk, dem Tractatus logico-philosophicus ganz ähnlich: „Einen Komplex wahrnehmen, heißt, wahrnehmen, dass sich seine Bestandteile so und so zu einander verhalten. Dies erkläre wohl auch, dass man die Figur (des Würfels) auf zweierlei Art als Würfel sehen könne, und alle ähnlichen Erscheinungen. Denn wir sehen eben wirklich zwei verschiedene Tatsachen“. [36]

Das lateinische Wort „simul“ heißt gleichzeitig. Immer wieder werden wir überrascht von der Gleichzeitigkeit bestimmter Ereignisse, Situationen, Entdeckungen. Da stürzen zwei Flugzeuge gleichzeitig ab, da werden zeitgleich Medaillen gewonnen oder verloren. Gleichzeitig beginnen und vollenden Musiker die Intonation ihrer Musik, gleichzeitig haben wir während familientherapeutischer Sitzungen vor wie hinter der Einwegscheibe dieselben Gedanken und Einfälle.

Simul hat auch noch eine kompetitive Komponente, ein ständiges miteinander Rivalisieren, das dem ärztlichen Tun in Klinik wie Praxis zu Grunde liegt. Und das ist gut so, denn dadurch versucht jeder, sein Bestes zu geben, wenigstens idealtypisch. In der Realität der komplexen Systeme, zu denen das heutige Gesundheitssystem ja auch gehört, sind die Bedingungen keineswegs immer so, dass jeder sein Bestes geben kann. Die bildliche Erweiterung dieses Ansatzes zur Salutogenese gelang meiner Aachener Mitarbeiterin Susanne Altmeyer fast spielerisch mit folgendem Vorschlag: Der salutogenetische Würfel ist größer als der simultandiagnostische Würfel. Er umfasst auch die Salutogenese und die drei Komponenten des Senses of Coherence (SOC). Machbarkeit (manageability) Durchführbarkeit, (compliance) und Sinnhaftigkeit (meaningfullness).

---

36 Wittgenstein Ludwig: Tractatus logico-philosophicus, Reclam 1964

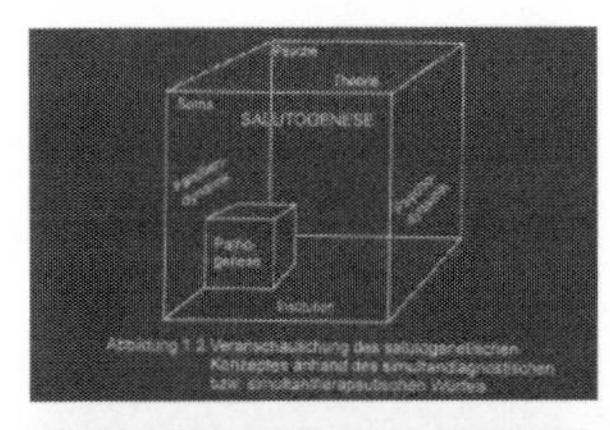

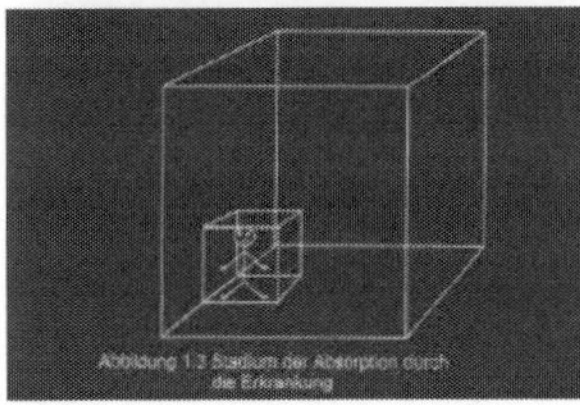

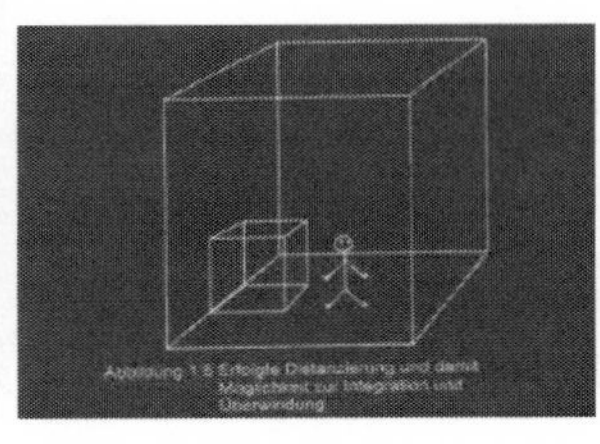

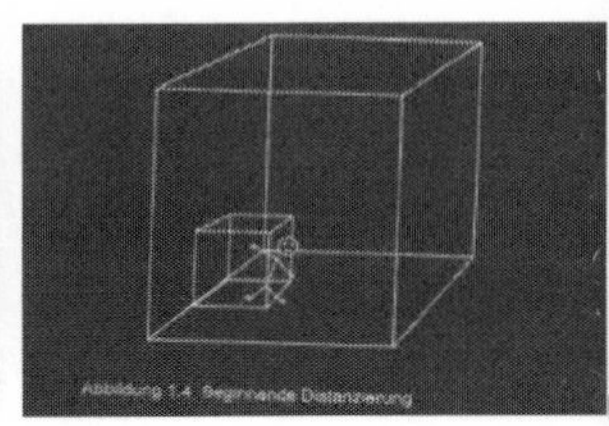

Abb. 2 : Variationen des Simultandiagnostischen Würfels
(S. Altmayer/Aachen)

Die primäre salutogenetische Frage lautet: Was hält uns eigentlich gesund? Diese Frage steht nicht im Gegensatz zu den vielen Fragen, was uns krank macht. Es handelt sich vielmehr um ein Ergänzungsverhältnis und um Chancen der Prävention durch das, was – sehr verkürzt – ‚Beziehungsmedizin' genannt wird. Der Kontext zur Salutogenese entstand u. a. aus der Shoa und einer Dissertation von B. Maoz/Israel, (mdl. Mitteilung). Er berichtete mir erstmals in Aachen anfangs der neunziger Jahre davon bei der Vorbereitung eines Zwillingskongresses mit der Uni in Maastricht.

Kap. III
Zur Geschichte der Klinik für Psychosomatik und Psychotherapeutische Medizin an der RWTH in Aachen

Ein persönlicher Anfang

Meine ersten Schritte in diesem Klinikum lagen lange vor der feierlichen Eröffnung der Klinik für Psychosomatik und Psychotherapeutische Medizin (1991). 1986 fuhr mich Frau Prof. Waltraut Kruse wie auf einen hohen Berg aus der Stadt. Es war ein kalter lausiger Wintertag. Die Straßen waren eisig und verschneit. Dichter Nebel lag über der Stadt. Als wir hinaufkamen, trat das Klinikum sehr plötzlich aus diesem Dunst - wie Kafkas Schloss für Josef K, den Landvermesser. Der Kafka`sche Eindruck verstärkte sich, als wir in den Liegend- Eingang fuhren und uns in der Unterwelt verliefen. Im wahrsten Sinne des Wortes hatten wir sehr schnell die Orientierung verloren und fanden zunächst auch niemanden, der uns weiterhelfen konnte. Das Klinikum gibt den Rahmen und den Raum, alles andere - so war die Botschaft - liegt in deiner Hand. Verantwortung muss man selbst übernehmen. Spät am Abend ging ich durch das Haus, wollte mich auf den einzelnen Stationen vorstellen so wie ich es in Heidelberg gewohnt war. Dann aber hörte ich: „Solche Besuche habe es noch nie gegeben!“ Ich kam aus der Inneren Medizin, einem Haus für diese Disziplin, hier in Aachen waren alle klinischen Disziplinen versammelt. Ich war gewarnt: Autonomie, Selbstbestimmung geht leicht verloren. Ich fürchtete: Anonymität entsteht in Entborgenheit. Für die Reorientierung in einem Großklinikum hat man nicht immer einen so charmanten Gesprächspartner wie Frau Prof. Kruse.

Bevor ich den Ruf an Aachens 2. Kathedrale[37],[38] annahm, hatte ich Bedenken, der Aufgabe nicht genügen zu können. Mit der Risikofreude und dem Mut meiner Frau ließen sich diese Bedenken überwinden. Ich glaubte, dass ich in Aachen und in der Fakultät als ein Eindringling wahrgenommen würde. Dagegen setzte ich das, was ich

---

[37] Mittermayer, Chr., Die Pathologie in Aachen, in Ver. Dtsch. Ges. Path.74,1990

[38] Petzold, E. R.: Aachens zweite Kathedrale: Über die Achtung der Komplexität des Menschen, In : Bernhardt, R., Link-Wieczorek, U. (Hrsg.): Metapher und Wirklichkeit – Die Logik der Bildhaftigkeit im Reden von Gott, Mensch und Natur, Vandenhoeck & Ruprecht Göttingen (1999)

in Heidelberg gelernt hatte: „Es könnte alles ganz anders sein!" Neben dem Dekan, Herrn Prof. Meinhof, dem ärztlichen Direktor und der Fakultät habe ich dem Verwaltungsdirektor Herrn Klimpe besonders zu danken. Er war mein wichtigster Gesprächspartner bei dem Aufbau der Klinik, die Klinik für Psychosomatik und Psychotherapeutische Medizin. Der Name der Klinik ist wichtig und die Geschichte der Namengebung spannend, aber darauf will ich jetzt nicht eingehen. Man braucht Bundesgenossen wie Frau Kruse oder wie Friedebert Kröger, der Begleiter aus der Heidelberger Zeit.

Selbstverborgenheit und Aufklärung

Jeder Mensch hat einen blinden Fleck. Keiner ist sich seiner jeweiligen Stärken und Schwächen zu jeder Zeit bewusst. Angst und Schuld gehören genauso zu den Schwächen und Stärken wie der Wunsch nach Autonomie und Entdeckung der Selbstverborgenheit. Mängel sind oft verborgen. Manche sagen, der Mensch sei generell ein Mängelwesen und damit aber auch auf andere angewiesen- auf deren Solidarität. Diese wiederum gründet in gemeinsamen Erfahrungen und Wertbewusstsein. Ob dieses vorgegeben ist oder im Gespräch und Lebensvollzug entwickelt wird, ist eine Kernfrage der Suche nach den Impliziten Axiomen, die unser Denken, Fühlen und Handeln steuern. (D. Ritschl). Diese Axiome sind wie Konstrukte des menschlichen Geistes unter den Bedingungen der Natur. Sie sind verdichtete Erfahrungen mit dem Leben und mit Gott im Leben. Sie sagen uns – salopp ausgedrückt – „Ja, so geht es, so gelingt das Leben". Wir haben darüber ein Buch herausgegeben, das mir sehr wichtig wurde[39].

Zum Gelingen braucht es Neugier, Sprache und Austausch, Lernen und Lehren, stabile Arbeitsgruppen, kritische Reflektionen, gewissenhafte Forschung, Publikationen, Bilder und Metaphern. Die Funktion all dieser Aufgaben war es, Brücken zu bauen, zu etwas, über das man gehen kann.

Bei dieser Grundorientierung half der große Theologe Dietrich Ritschl (1929–2018). Bei einer akademischen Gedenkfeier am 18. Januar

---

[39] Huber, W.; E. Petzold, Th. Sundermeier (Hg.): Implizite Axiome – Tiefenstrukturen des Denkens und Handelns; Chr. Kaiser, München 1990

2019 in Heidelberg erinnerte der Vorsitzende der V. v. Weizsäcker Gesellschaft R. M. Jakobi an zwei wirkmächtige Metaphern Ritschls, an das „Athener und Jerusalemer Modell". Athen als Metapher für eine eher leistungsstarke naturwissenschaftlich geprägte Medizin, Jerusalem dagegen eher an die Schwäche und für den Notfall, für den Leidenden. (R. M. Jakobi, 2018)[40]

Bei einem Zwillingskongress in Maastricht und Aachen (1997) mit dem Thema: ‚PTSD and narrative communities' wurde deutlich, was damit gemeint war. Dieser Kongress stand unter der Schirmherrschaft der niederländischen Gesundheitsministerin und unter der von Frau Prof. Süssmuth, der damaligen Vizepräsidentin des Deutschen Bundestages.

Rita Süssmuth sprach über ihre Unterstützung der Reichstagsverhüllung in Berlin durch Jean und Claude Christo – ein Bild für das Athener Modell. Shevach Weiss, mit dem sie vertraut war, der frühere Sprecher der Knesset sprach in gewissen Sinne über das Jerusalemer Modell. Er sprach von dem Schwach Sein und seinem Überleben und dem seiner Familie. Siebenhundert Tage konnten sie sich während des II. Weltkrieges vor dem Zugriff der Nazischergen irgendwo in Polen in einem dunklen Keller unter einem Kindergarten verbergen. Benjamin Maoz aus Beerscheba hatte die Moderation dieser beiden sehr unterschiedlichen Referate und Sprecher übernommen. Benjamin hatte uns bei der Kongressvorbereitung sehr geholfen und uns mit seinen alten holländischen Freunden zusammengebracht. Ich werde die Sitzung im Klinikum mit ihm und den Niederländern, aber auch mit dem deutschen Kollegen nie vergessen, die Aussprache zwischen den Überlebenden des Holocausts in der 2. Generation mit den Überlebenden des II. Weltkrieges, den Tätern nahe. Auffallend war, dass erst das Sprechen der Opfer die Täter oder die, die diesen nahe standen, zum Reden geführt hat.

Die Medizinische Fakultät

Die Medizinische Fakultät der RWTH Aachen wurde am 18.07.1966

[40] Jakobi R.M.: Theologie vom wirklichen Menschen her In Jahresheft der Theologischen Fakultät der Universität Heidelberg 14 (2018/19)

gegründet. Die Klinik für Psychosomatik und Psychotherapeutische Medizin wurde nach langjähriger Vorgeschichte am 01.03.1991 unter dem ersten Klinikdirektor Univ.-Prof. Dr. med. E. R. Petzold, Arzt für Innere Medizin und Psychotherapie, eröffnet. Die Erwartungen, Vorstellungen und Aufgaben wurden in der Festschrift zum 25-jährigen Bestehen der Medizinischen Fakultät der RWTH (ed. A. Murken, 1991) beschrieben und zusammengefasst. Psychosomatische Medizin ist Anthropologische Medizin[41].

Für die Leitideen bei der Gründung der Klinik standen das Deutsche Kollegium für Psychosomatische Medizin (Gründung 1974) und das Modell einer ‚Internistischen Psychosomatik' nach dem Vorbild der Medizinischen Universitätsklinik (Ludolf Krehl Klinik) in Heidelberg Paten. Diese Leitideen lassen sich wie folgt zusammenfassen: Psychosomatik ist eine Grunddimension des ärztlichen Denkens, Fühlens und Handelns. Sie ist ein Prozess und kein Besitz.

Die Psychosomatik als universitärer Fachbereich wurde bereits bei der Gründung der Medizinischen Fakultät der RWTH Aachen dank des Gründungsmitgliedes Prof. Th. v Uexküll planerisch einbezogen.

Mit der Berufung von Prof. Petzold wurde erstmals 1991 ein drittes Standbein der „Psych."-Fächer neben der medizinischen Psychologie (Prof. Plöger/Prof. Neuser) und der Psychiatrie (Prof. Klages/Prof. Saß) etabliert und sorgte für eine deutliche Verbesserung der anstehenden Aufgaben, die A. E. Meyer und seine Mitgutachter R. Richter, K. Grawe, J.-M. Graf v. Schulenburg und B. Schulte 1991 (§ 5 S.18) in einem Forschungsgutachten im Auftrag des Deutschen Bundestages für die Umsetzung der psychosomatischen Medizin vorgeschlagen hatten:

1. Verbesserung der psychosozialen Kompetenzen (diagnostisch und therapeutisch) der primärversorgenden Ärzte durch eine Erhöhung

41 Petzold E.: Die Entwicklung der Klinik für Psychosomatische Medizin und Psychotherapie. Festschrift zum 25jährigen Bestehen der Med. Fakultät der RWTH Aachen ed. H. Murken. In: Birmann Verlag (1991)

des Anteils der psychosomatischen Pflichtkurse im Medizinstudium ... sowie eine Intensivierung der entsprechenden Fort- und Weiterbildung. Stichwort: Psychosomatische Grundversorgung.

2. Vermehrung von Abteilungen für Psychosomatik/Psychotherapie in der Sekundärversorgung, also an kommunalen und städtischen Krankenhäusern, wobei jene vorrangig einen effizienten Liaison - Konsiliar-Dienst zu erbringen hätten.

3. Vergrößerung des Angebots an ambulanter Psychotherapie durch Vermehrung qualifiziert ausgebildeter niedergelassener Psychotherapeuten.

Bald nach der Eröffnung der Klinik verstärkte ein Erlass des Landesministeriums (NRW) die Rahmenbedingungen der Wissenschaftlichen Aus-, Fort - und Weiterbildung (14.04.1992 I A 1 - 6444). Auf Grund der Veränderungen der Hochschullandschaft in NRW sei an diesen Ausgangspunkt noch einmal erinnert. Danach ist die Weiterbildungsaufgabe der Hochschule lt. gesetzlichem Auftrag des § 3, Abs. 3 WissHG in erster Linie durch ein Veranstaltungsangebot in eigener Trägerschaft (der Hochschule) zu erfüllen. In der Definition heißt es: „Die Hochschulen müssen ihre Funktion in der Weiterbildung als weitere, gleichrangige Hochschulaufgabe begreifen, als einen Auftrag zum Transfer von Wissen, der sich im Kern nicht von ihren traditionellen Aufgaben von Lehre und Forschung unterscheidet."

Unter Punkt 4. „Lehre" hieß es: „Aus der gesetzlichen Zuweisung und Weiterbildungsaufgabe an die Hochschulen ergibt sich, dass die Weiterbildung dienstrechtlich zum Hauptamt der Hochschullehrer gehört und dass auch das sonstige Hochschulpersonal dabei hauptberuflich eingesetzt wird." Im zweiten Absatz wird auf die Konkurrenzlage zwischen Weiterbildung und Erstausbildung hingewiesen und dass selbstverständlich die Erstausbildung Vorrang genießt. Unter Punkt 5. wird dezidiert festgestellt, dass es bei interdisziplinären Angeboten für Erstausbildungsstudenten immer auch um die Grundlegung eines lebenslangen Weiterlernens geht.

Zu den psychosomatischen Perspektiven gehört also der Rückverhalt' im jeweils Anderen'. Das entspricht der Grundkomponente der anthropologischen Medizin, der Gegenseitigkeit.

Bei dem ‚Rückverhalt in dem jeweils Anderen' geht es gerade in der Arzt-Patient-Beziehung um Erkennen und Verstehen des anderen. In der Theorie des Gestaltkreises (V. v. Weizsäcker.) und in der Praxis z. B. der Bipersonalität (P. Christian) kann das den Blick auf die Gegenseitigkeit öffnen. In den folgenden Kapiteln gehe ich auf die Perspektiven der Klinik und der Familientherapie, der Balintarbeit, der Wartburggespräche und der Salutogenese, künstlerische-kreatives Arbeiten und last but not least der Religion ein . [42]

Umsetzung und Methoden:

Dazu gehören nun auch Methoden wie:

1. Evidence based Medicine,
2. Empathy based medicine,
3. Prozeß based medicine and
4. Narrative based medicine.

Evidence based medicine bildete zu meiner Zeit die Grundlage einer wissenschaftlichen Medizin. Diese orientiert sich an dem praktischen Wert der Studien, deren Wert sehr genau von Klinikern und Theoretikern geprüft wird. Zunehmend mehr spricht man aber auch von einer Empathy based medicine. Empathie ist mehr als Mitleiden oder Mitfühlen. Empathie heißt in die Schuhe eines anderen treten – eine utopische Forderung? [43]

Die Process based medicine setzt auf Veränderungen in der Zeit. In Aachen entwickelten wir für den Prozess ein Zeitmodell, an dem man sehr gut die Veränderungen von dem ersten Zeitpunkt T 1 nach T2 bis

[42] Bei ‚Rückverhalt' denke ich (E. R. P.) auch an den Begriff Widerlager, z. B. beim Fliegen. Ohne den Luftwiderstand könnte kein Vogel fliegen, kein Flugzeug in die Luft steigen. Ohne Schwerkraft könnten wir uns nicht bewegen. Ohne das Sprechen des Einen, könnte kein Anderer antworten. Oder – um M. Buber zu verkürzen – : Ohne ‚Du' , kein 'Ich'. ‚Ich' finde meine Identität durch den jeweils anderen sei es Mann und Frau, Mutter und Kind, Arzt und Patient.

[43] Petzold, E. R.: Die Positionierung eines Mitbegründers der Wartburggespräche in: Schüffel W.: Wartburgphänomen Gesundheit – eine Anthologie der Selbstwirksamkeit, Projekte Verlag Halle, 2012

T n also im Verlauf festhalten konnte.[44] Eine Habilitationsarbeit über die Familienkonfrontationstherapie bei Anorexia nervosa. Patienten und eine der längsten Katamnese Studien z.T. über dreißig Jahre! [45] stehen für den Wert von diesen Prozessen bzw. Verlaufsuntersuchungen. Es gibt kaum einen Weg, mit dem man besser seine Ergebnisse überprüfen und in Frage stellen kann. Das steht auch für die These, dass die Arzt -Patient -Beziehung beispielsweise den kleinsten Medizinethischen Nenner darstellt, also auch und gerade für die Balintarbeit, die ich Ende der sechziger Jahre in Basel kennen lernte. Balintarbeit kann ein guter Indikator für diesen Prozess sein. Wie denn das?

In kontinuierlichen Balintgruppen fragen wir immer wieder nach, was aus der Beziehung - oder aus dem Problem dieser jeweiligen Beziehung geworden ist. Kamen die Patienten wieder? Blieben sie verstimmt oder geheilt weg?

Die Narrative based medicine, die in den letzten Jahren wieder populär wird (B. Maoz, 1997), griff - zunächst unwissend - zentrale Aussagen der Anthropologischen Medizin Heidelberger Provenienz auf. Mit diesem Ansatz können wir uns wie mit kaum einem anderen Ansatz auf ethische Fragen vorbereiten und einstellen. Dafür stehen Biographische Anamnese, Lebensgeschichte und das Story Konzept: Ein Mensch ist, was seine Story erzählt. (D. Ritschl) Wichtig ist aber auch, wie jemand seine Story erzählt. Manche fassen das so zusammen: My story, your story, his story - mündlich oder schriftlich. Der Erzähler ist Form und Inhalt zugleich und noch viel mehr z. B. Former, Schöpfer und Zerstörer, Container und Gestalter.

---

[44] Petzold, E., Wälte D.: Diagnostik in der Psychosomatischen Medizin. In: Janssen, P. L., Schneider, W. (Hrsg.): Diagnostik in Psychotherapie und Psychosomatik. Gustav Fischer Verlag Stuttgart, Jena, New York (1994)

[45] Herzog, W.; Deter, H. Ch.: Vandereycken: The course of Eating disorders. Longterm follow up Studies of Anorexia nervosa. Springer, Berlin Heidelberg, New York Tokyo, 1992

Zur Entwicklung der Klinik und ihrer Mitarbeiter

Der Tätigkeitsbericht 1991–2001 der Klinik für Psychotherapeutische Medizin und Psychosomatik der RWTH Aachen[46] ging allen Fachvertretern vor der Emeritierung des Unterzeichnenden zu. Anders als in Heidelberg stand die psychosomatisch- psychotherapeutische Ausbildung der einzelnen Mitarbeiter eher am Anfang. Dem zu begegnen diente die klinische Praxis, Vorlesungen, und Seminare und Supervision wie in Heidelberg, zusätzlich aber auch regelmäßige mitunter sogar mehrtägige Klausurtagungen. Der Vorteil war für jeden Mitarbeiter der Einblick in die verschiedenen psychosomatisch-psychotherapeutische Arbeitsgebiete z. B. Sozialarbeit, Mal-, Musik- und Gestaltungstherapie.

Wir untergliederten die Klinik in zwei Bereiche, einen poliklinischen und einen stationären. Die Leitung der Poliklinik übernahm vom 01.03.1991 bis Ende Februar 2000 Herr OA Prof. Dr. med. F. Kröger, Arzt für Innere Medizin/Psychotherapie, Habilitation[47]. Seit 1997 apl. Prof. an der RWTH Aachen, 2004 Umhabilitation an die Ruprecht-Karls Universität Heidelberg. Chefarzt an den Kliniken für Psychosomatische Medizin und Psychotherapie. Diakonie-Klinikum Schwäbisch Hall und am Klinikum am Weißenhof, Weinsberg.[48],[49].

Den stationären Bereich leitete von Anfang an Frau OÄ Dr. med. F. Ludwig-Becker, Ärztin für Psychiatrie und Psychotherapie, Psychoanalyse und Psychotherapeutische Medizin. 03.2000–08.2001, ltd. Oberärztin. Von 11.2001–12.2004 Chefärztin; Fachklinik für Psychosomatische Rehabilitation, Tannenwaldklinik, Bad Schwalbach; seit 1–2004 bis Ende 2019 niedergelassen in eigener Praxis, KV-Zulassung KV Wiesbaden. Nach ihrem Ausscheiden (2001) übernahm Frau Dr. S. Altmeyer ihre Funktion auf der Station bis Ende März 2004. Frau Dr. Altmeyer war seitdem ltd. OÄ in der psychosomatischen Fachklinik

---

[46] Petzold ,E. R.; F. Ludwig- Becker, G. Flatten und S. Jünger (ed.): Tätigkeitsbericht 1991–2001 der Klinik für Psychotherapeutische Medizin und Psychosomatik der RWTH Aachen

[47] Kröger, F: Familiäre Interaktion bei Suchtkranken. Eine empirische Studie zum Interaktionsverhalten in Alkohol – und Eßstörungsfamilien, (Habil.) Aachen 1994

[48] Kröger, F.& E. R. Petzold (ed.): Selbstorganisation und Ordnungswandel in der Psychosomatik – Konzepte systemischen Denkens und ihr Nutzen für die Psychosomatische Medizin, 1999, Frankfurt: VAS ;

[49] H. H. Studt und E. R. Petzold (ed.): Psychotherapeutische Medizin. Psychoanalyse, Psychosomatik, Psychotherapie. Berlin: De Gruyter 1999

Röherpark, Eschweiler. 2017 übernahm sie die Leitung der Traumaklinik für Psychosomatische und Traditionelle Chinesische Medizin in Wesseling.

Aufgrund zunehmender Beanspruchung unserer Aachener Mitarbeiter (Liaisondienst) wurde 1998 eine weitere Oberarztstelle eingerichtet, die zunächst Herr Dr. A. Hendrischke, Arzt für Allgemeinmedizin und Psychotherapeutische Medizin, übernahm und nach seinem Ausscheiden Herr Dr. G. Flatten ebenfalls Arzt für Allgemeinmedizin und Psychotherapeutische Medizin. Herr Dr. A. Hendrischke war von 2000--2018 Chefarzt der Psychosomatischen Klinik Ostalb. Ltd. O.A. ebendort ist Herr Dr. M. v. Wachter, einer der Studenten der ersten Stunde der Psychosomatik in Aachen. Der Tätigkeitsbericht dieser Klinik in Aalen von 2000–2010 kann ebendort abgerufen werden[50].

Der erweiterte Liaison in Aachen wurde u.a. mit folgenden Kliniken entwickelt: Dermatologie, Pädiatrie, Kinder- Psycho-Onkologie, Kinder Intensiv, Neurologie mit Aphasie - Station, Urologie, Unfallchirurgie, Plastische Chirurgie, Hand- und Verbrennungschirurgie und in modifizierter Form mit der Klinik für Anästhesiologie in der gemeinsamen Schmerzambulanz. Herr PD. Dr. E. Sieverth, ebenfalls ein Student der ersten Stunde war unser Mann in der Innere Medizin, in der er sich auch habilitierte. Er ist ebenfalls OA in der o. g. Röherpark Klinik in Eschweiler.

Herr PD. Dr. med. M.A. Guido Flatten, ltd. Oberarzt der Klinik 2001–2003, seit 2004 ärztlicher Leiter des Euregio Institut für Psychosomatik und Psychotraumatologie in Aachen, 2009 Habilitation extern an der MHH Hannover[51]. Er wurde 2019 zum Nachfolger von Herrn PD Dr. Günther Bergmann als 1. Vorsitzender der Deutschen Balint Gesellschaft gewählt.[52]

Den gynäkologischen Liaisondienst und die sexualmedizinische Wei-

---

[50] M.v. Wachter und A. Hendrischke: „Ressourcenbuch" Klett Cotta 2017, Hier gehen sie auf die Selbstheilungskräfte in der Psychotherapie detailliert ein. Sehr empfehlenswert!

[51] G. Flatten: Psychotraumatologie in der Akutmedizin- Untersuchung zur Diagnostik und Therapie akuter Traumafolgestörungen, abgeschlossen an der Med. Fakultät der MHH Hannover 2004

[52] G. Flatten 2. Dissertation, Kassel 2019 Wie wirken Balintgruppen? Eine empirische Untersuchung zu den Prozessfaktoren und Wirkdimensionen der Balintgruppenarbeit

terbildung hatte von Anfang an Frau Dr. U. Brandenburg übernommen, bis sie in die Psychiatrie wechselte. 2010 ist sie leider viel zu früh gestorben. Ihrer Hilfe beim Aufbau unserer Klinik verdanken wir viel. Sie beschäftigte sich noch lange nach ihrem Ausscheiden aus unserer Klinik mit Überlegungen einer Institutsgründung für Sexualmedizin in Kooperation mit der Uni. Ihre Praxis übernahm Frau Dr. A. Schwarte, eine hoch engagierte Studentin in der ersten Zeit unserer Klinik. Seit etlichen Jahren arbeitet sie zusammen mit Frau Dr. B. Keldenich, ebenfalls eine Studentin und Marathon Läuferin[53] der ersten Stunde in Aachen.

Die psychosomatische Station (16 Betten) ging nach der Emeritierung von Petzold vorübergehend an die neu gegründete Klinik für Palliativmedizin über, wurde dann aber der Psychiatrie zugeschlagen. Die übrig gebliebenen wiss. Personalstellen gingen mehrheitlich an die Psychiatrie. Die nicht wissenschaftlichen Stellen z. T. an die Kinder- und Jugendpsychiatrie und Psychotherapie bzw. an die Palliativmedizin. Frau Dipl. Päd. Chr. Dohmen, die den Sozialdienst der Klinik aufgebaut, sehr erfolgreich geleitet und vernetzt hatte, gründete nach ihrem Ausscheiden aus der Klinik ein eigenes Bestattungsinstitut. Zu danken ist aber auch den Schwestern und Pflegern dank Engagement auf der Station der psychosomatischen Medizin diese Arbeit nicht gelungen wäre.[54]

Nicht unerwähnt seien die Sekretärinnen, die sich beim Aufbau der Klinik für Psychosomatik für unendliche viele organisatorische Fragen eingesetzt haben. Frau E. Burkhard, Frau Achilles und Frau Sackmann. Besonderer Dank gilt Frau Walbert, die schon, bevor ich nach Aachen kam, zusammen mit Frau Dr. Ludwig Becker die wichtigsten organisatorischen Aufgaben mit viel Kompetenz, Charme und Humor übernommen hatte. Mit den Satz: „Psychosomatik ist an der RWTH Aachens möglich“ bedankte ich mich bei der Fakultät für den Ruf und

---

[53] B. Keldenich „Die Geschichte der Antibabypille von 1960 bis 2000 – Ihre Entwicklung, Verwendung und Bedeutung im Spiegel zweier medizinischer Fachzeitschriften:' Zentralblatt der Gynäkologie' und 'Lancet'

[54] Frehn, U.; Jenzen, C.; Schwarte, A.; Ludwig – Becker, F.: und E. R. Petzold: Ein „kleines Geheimnis“ in: Kröger, F. & E. R. Petzold: Selbstorganisation und Ordnungswandel in der Psychosomatik; VAS Verlag Frankfurt S. 554–567 (1999)

die Unterstützung bei der Umsetzung der „Positionen des Möglichen" für das Querschnittsfach Psychosomatik.

Die Betreuung der ersten Doktoranden hatte in den Anfangsjahren Prof. Kröger und Herr Dipl. Psych. D. Wälte[55] übernommen und nach Wältes Wechsel in die Psychiatrie Herr Prof. G. Schiepek und Frau Dipl. Psych. S. Jünger und Herr Dr. med. V. Perlitz, der aus der Physiologie kam. Frau Jünger ist jetzt als Gesundheitswissenschaftlerin in der Klinik für Palliativmedizin, Universitätsklinikum Bonn tätig; Herr Dr. Perlitz arbeitete weiter als Psychosomatischer Facharzt in der Chirurgie und in der Gynäkologie des UK Aachen bis 2017. Nicht unerwähnt sei, dass aber auch alle anderen wissenschaftlichen Mitarbeiter sich neben der Patientenversorgung an der Lehre und den Forschungsarbeiten der Klinik beteiligten u. a. durch die Betreuung von Doktoranden oder eigene Doktorarbeiten.

Dissertationen und Diplomarbeiten – Positionen des Möglichen

Die DoktorandInnen in Heidelberg wurden von P. Hahn; H. Chr. Deter; H. Ferner, A. Drinkmann,, G. Bergmann; F. Kröger und E.R. Petzold betreut, in Homburg von P. Achilles und W. Häuser, in Aachen nach Anleitung im Doktorandenseminar von F. Kröger, A. Hendrischke; F. Ludwig-Becker, U. Brandenburg, G. Flatten, V. Perlitz, M.v. Wachter; G. Schiepeck, S. Jünger und E. R. Petzold. Die Betreuer der Dissertationen stehen für die ‚Positionen des Möglichen' ebenso auch die Gutachter.

Die Doktoranden kamen aus den verschiedenen Arbeitsgruppen der Klinik, z. B. Untersuchungen über Veränderungen beim Autogenen Training, bei Essstörungen, psychotraumatischen Störungen, bei Herzkreislauferkrankungen, sexualmedizinischen Fragestellungen, familientherapeutischen Implikationen oder speziellen systemtheoretischen Fragen, mitunter aus ganz speziellen Fragestellungen, wie

[55] D.Wälte: Selbstreflexive Kognition als Indikatoren für Status und Verlauf psychischer Störungen - Eine empirische Untersuchung zur Attribution, Selbstwirksamkeit und Kontrolle (abgeschlossen an der Psych. Fakultät Univ.Münster 2014)

z. B. von Dr. K. M. Christ/Homburg[56]; von Frau Dr. G. Potthoff[57], ehemalige Krankenschwester aus Heidelberg und Dr. A. Picht[58] aus Aachen.

Dr. med. Jürgen Birmanns hatte nach seiner Promotion über Sebastian Kneipp im Dr. Max – Otto Bruker-Haus/ Bad Lahnstein, ein Haus für Ganzheitsmedizin und Gesundheitskunde übernommen und mit großer Verbreitung ein Magazin der der Gesellschaft für Gesundheitsberatung (GGB e.v.) „Der Gesundheitsberater";

Dr. med. Gerhard Krautstrunk, FMH- Psychiatrie & Psychotherapie übernahm nach seiner Promotion über „Objektivierende Registrierung holistischer, neurophysiologischer Sprünge bei selbstaffizierten Schmerzereignis im sogenannten Cold Pressure Test." als Stv. Chefarzt der Klinik für Suchttherapie mit 3 Standorten, eine dieser 3 Standorte (Niederlenz) und entwickelte dort mit seinen Mitarbeitern einen Stabilitätsindex für die die tägliche Einschätzung der Gefährdung von Menschen mit Abhängigkeitserkrankungen und Komorbiditäten.

Frau Dr. Barbara Esch übernahm nach vielen Jahren in der Schweiz als Chefärztin die Psychosomatische Abteilung im Rehazentrum Ückeritz auf Usedom. Von 1993–1996 hatte sie sich hochengagiert an dem Aachen Jena Kunst und PsychosomatiSeminar mit wichtigen Beiträgen engagiert.[59], [60], Dr. med. F. Jagdfeld promovierte über die „Möglichkeiten und Grenzen der Abbildung der stationären Psychoso-

---

[56] K. M. Christ: „Zum Begriff der Krise in der medizinischen Anthropologie Viktor von Weizsäckers" (1998)

[57] Potthoff, G.: Imaginationen – Geschichte und heutige Praxis Mentale bildhafte Vorstellungen in den Heilmethoden von der Frühgeschichte bis zur heutigen Anwendung in der traumazentrierten Psychotherapie (2004)

[58] Picht, A. (2002): Über die Bedeutung einiger Aspekte der Angsttheorie Sören Kierkegaards im Hinblick auf ein anthropologisch zu fundierendes Menschenbild für die Psychosomatische Medizin.

[59] Esch, B.: U. a. bei der 38. Arbeitstagung des Deutschen Kollegiums für Psychosomatische Medizin, Freiburg, Dezember 1993. Und bei der 42. Arbeitstagung des Deutschen Kollegiums für Psychosomatische Medizin, Jena, 2.–4. März 1995.

[60] Zum Phänomen des Syndromwechsels. Vom Asthma zur Psychose zwei Wege der Angstabwehr. E. R. Petzold, B Esch in: Wahn und Wirklichkeit. Tagungsband zum interdisziplinären Studientag am 15.10.1994. F Löhrer (Hrsg.). Verlag des Kath. Akademieverbandes, Aachen 1995, S 53–81.

matik im DRG System“ und ist seit vielen Jahren "stellvertretender Geschäftsführer im Geschäftsbereich Krankenhausfinanzierung und -recht der Baden-Württembergischen Krankenhausgesellschaft e. V. (BWKG). Frau Anja Lesker erwarb sich zusammen mit Herrn PD Flatten (s. o.) besondere Verdienste um die Aachener Balint Studientage seit 1997. Darüber hinaus wurde sie zwischenzeitlich Oberärztin in der o. g. Röherparkklinik in Eschweiler. Frau Dr. Susanne Schütz [61] schreibt mir zu Weihnachten 2019: „Ich habe meinen beruflichen Weg geändert. Ich bin zum Betriebsärztlichen Dienst der Stadtwerke Köln gewechselt und habe die Möglichkeit, viel neue Dinge in der Arbeitsmedizin zu lernen.“ Nicht unerwähnt seien Diplomandinnen, die bei uns in Heidelberg und in der Aachener Zeit entstanden. [62]

Insgesamt entstanden 43 Doktorarbeiten und vier Diplomarbeiten. Etwas willkürlich greife ich einen der ersten Doktoranden heraus, der ein bis dato im Klinikum wenig beachtetes Thema angegangen war, gewissermaßen ein Zeitdokument.

Dr. med. P. Pujol/Barcelona hatte sich früh auf eine Dissertation über das Sterben im Krankenhaus im Vergleich zu dem Sterben in einem Hospiz festgelegt.[63] Zu der Zeit nahm das Thema der Betreuung Sterbender im Krankenhaus immer mehr Raum ein. An vielen Krankenhäusern und Universitätskliniken wurden Projekte gestartet mit dem Ziel, den Tod im Krankenhaus menschenwürdiger zu gestalten (s. Rhein. Ärzteblatt 5/98, S. 18). Die Medizinische Fakultät der RWTH Aachen erwog die Einrichtung eines Lehrstuhls für Palliativ-Medizin (23.11.1998).

---

[62]Diplomarbeiten:
Lingenberg, Ralf: Kohäsion in Familien mit einer essgestörten Tochter, eine empirische Untersuchung Heidelberg (1994)
Bur, Birgit Monika : Gestaltpädagogische Ansätze in der logopädischen Kindertherapie bei Sprachentwicklungsstörungen Aachen (1995)
Kus, Christian: Krankheitsursachen Attribution und Selbstwirksamkeitsüberzeugungen in Selbst- und Fremdsicht. Köln (1995)
E. Linke-Vieten: „Auswirkungen von Ergotherapie auf die emotionale Befindlichkeit und Konzentration“ Trier (1996) In Z. f. Med. Psych. 1/1997.
[63] Pujol, P.: Die Begleitung sterbender Patienten im Krankenhaus und im Hospiz- eine qualitative Pilotuntersuchung ; Diss. In Aachen und publiziert In: Kröger, F.& E. R. Petzold: Selbstorganisation und Ordnungswandel in der Psychosomatik, VAS1999

Die erste stationäre Hospizeinrichtung in der BRD wurde mit Unterstützung der Deutschen Krebshilfe an der Chirurgischen Universitätsklinik in Köln eröffnet (1983). Neben einer 17 Betten-Station und dem Hausbetreuungsdienst beinhaltet diese Einrichtung eine Ambulanz einer Akademie, die zum ersten Mal in Deutschland die räumlichen Voraussetzungen für den Aufbau eines Ausbildungs- und Forschungszentrums für Palliativ-Medizin erfüllt. In Aachen wurde 1986 das erste stationäre Hospiz für terminale Patienten in Deutschland eingeführt, 1987 das Hospiz „Zum Heiligen Franziskus“ in Recklinghausen, zur selben Zeit die Tagesklinik „Christopherus-Haus“ in Frankfurt.

Im April 1997 gab es in Deutschland 26 Palliativ-Stationen, 30 stationäre Hospize, 6 Tageshospize, 268 Hausbetreuungsdienste und 183 Hospizinitiativen (insgesamt 624 Betten und 12 Tagesplätze). Die 329 ambulanten Hospizdienste betreuen ca. 13.700 Patienten pro Jahr (Radbruch, 1997).

Herr Pujol begann seine Dissertation mit einer persönlichen Erfahrung (Exposition) und mit einem anregenden Literaturstudium. Fünf Studien aus dem angelsächsischen Raum werden im Eingangsteil ausführlicher dargestellt. Patientenzahlen, Methoden und Ergebnisse werden zueinander in Beziehung gesetzt. Der Doktorand gewann dabei den Eindruck, dass die Hospize eher in der Lage sind, ein menschenwürdiges Sterben zu gestalten als die Krankenhäuser. Um diese These zu falsifizieren trat er Anfang der 90er Jahre an mich (E. R. P.) heran. Vorgehen wollte er einer Empfehlung Wallstons (USA 1988) folgend im Rahmen einer qualitativen und nicht einer quantitativen Untersuchung. Mittels Leitfaden-Interviews, teilnehmender Beobachtung, qualitativer Inhaltsanalyse wurden zehn Themenbereiche untersucht: Personalausbildung, Medizintechnik, Schmerztherapie, Raum, Seelsorge, Team, Aufklärung, Angehörige, Konflikte und „zu Hause-Sterben“. Nach einer Pilotphase hier im Universitätsklinikum entschied sich der Doktorand, die eigentliche Untersuchung an zwei Schwerpunktkrankenhäusern durchzuführen und an drei Hospizen: einem stationären, einem ambulanten Hospiz und einem Hospiz innerhalb eines Krankenhauses. Die Grundlage seines Vorgehens war ein Interview Leitfaden, den er selbst entwickelte und der im Anhang seiner Dissertation abgedruckt wurde.

Für die Auswertung wurde eine Themenmatrix erstellt und Einzel-

sowie generalisierende Analysen vorgenommen. Die Themenmatrix war für Patient, Personal und Angehörige unterschiedlich. Für den Bereich „Patient“ wichtig war die „Entdeckung“, dass die Definition eines sterbenden Patienten im Krankenhaus sehr viel schwerer ist als im Hospiz. Hinzu kamen die Themenbereiche: körperliche Beschwerden, seelische Not, und menschliche Zuwendung. Für den Bereich „Personal“ wichtig war die Aufklärung, der Umgang mit Sterbenden, die Zeitwidmung, Erfahrung und Ausbildung und Austausch mit anderen Berufsgruppen. Für den Bereich Umgang mit den Angehörigen standen die Themenbereiche Kommunikation, Einbeziehung in die Pflege und Betreuung der Hinterbliebenen im Vordergrund.

Pujol beschrieb Schwierigkeiten, die auch heute noch in Zeiten der Pandemie an vielen Orten zu bestehen scheinen. Die sterbenden Patienten werden manchmal im Krankenhaus nicht erkannt, da meist nur die Patienten, die sich im Terminal-Stadium befinden, als „sterbende Patienten“ verstanden werden. Wenn man aber die Mängel vom Akut-Krankenhaus in Bezug auf das Sterben beschreibt und festlegt, welche Dienste am Sterbenden verrichtet werden können, muss man entscheiden, an welches Patienten-Kollektiv sich diese Dienste richten sollen. Der Begriff „sterbender Patient“ müsste neu definiert oder zumindest differenziert werden. Für die Zukunft schlägt der Doktorand vor, Sterbende im engeren Sinne von den Patienten zu unterscheiden, die einen plötzlichen Tod erleiden. Präterminale Patienten und Patienten nach Diagnosestellung sowie Langzeit-Pflegefälle. Zur Diskussion steht auch ein Vorschlag von Sporken (1978) die Phase der Unwissenheit und Unsicherheit für die Definition „sterbender Patienten“ mit zu berücksichtigen. Sporken selbst: „Die Sterbebegleitung beginnt mit der Hilfe bei der Entdeckung der Wahrheit“. Diese Anregung konnte Herr P. nicht weiter verfolgen. Das hätte den Rahmen der Arbeit gesprengt.

Ein wichtiges Kapitel bei der Betreuung Sterbender ist die Schmerztherapie. Herr P. befasste sich weniger mit der psychopharmakologischen Seite der Schmerztherapie als mit der psychosomatischen. Eine Linderung der seelischen Schmerzen kann durch angemessene Beschäftigung mit den Problemen der Patienten geschehen. Im Hospiz ist das sehr viel eher möglich, als im Krankenhaus. Viele Patienten klagen hier über Einsamkeit, die nicht nur mit mangelnder menschlicher Begleitung erklärt werden kann, sondern auch durch die Isolierung von der Außenwelt. In diesem Zusammenhang wird das „ewig gleiche Zimmer“ genannt, die mangelnde Bewegungsmöglichkeit, die schlechte Sicht - beispielsweise aus einem Fenster. Aufklärung ist im Krankenhaus gegenüber dem Hospiz – oft situationsentsprechend - nicht in vollem Umfang möglich. Im Hospiz gilt die Aufklärung als Voraussetzung für die Aufnahme. Eine spezielle Ausbildung nicht nur der Pflegenden, sondern auch der Sozialarbeiter und Seelsorger, hat eine direkte Wirkung auf die Qualität der Betreuung von Sterbenden.

Um ein menschenwürdiges Sterben im Krankenhaus zu erzielen, ist eine Verbesserung der Betreuung der Sterbenden angesagt: Teamarbeit zwischen Ärzten und Pflegepersonal, Sozialarbeitern und Seelsorgern, Fortbildung, die die mangelnde Ausbildung des Personals bezüglich Sterbebegleitung und Palliativ-Medizin beheben könnte, Flexibilität im Umgang mit der Norm des Krankenhauses, wenn es darum geht, Wünsche und Bedürfnisse Sterbender nachzukommen und Vernetzung mit ambulanten Einrichtungen in Hospizen.

Das Ende einer eigenständigen Klinik für Psychosomatik und Psychotherapeutische Medizin an der RWTH in Aachen

Nach der Emeritierung von Prof. Petzold 2003 übernahm Prof. F. Schneider/Psychiatrie Anfang April 2004 die kommissarische Leitung der Klinik. Ende 2010 wurde mit dem Ausscheiden von Prof. Saß als ärztlicher Direktor des Klinikums auf das Attribut ‚kommissarisch' verzichtet. Seitdem ist die Psychosomatik an der RWTH Teil der Psychiatrie.

Kap. IV
Balintarbeit [64]

Zur Balintarbeit kam ich (E. R. P.) als junger Assistenzarzt in der Psychiatrie in Basel (1968). Prof. Wolfgang Loch/TÜ. kam gerade aus London von einem Besuch bei Michael Balint zurück. Er führte uns in diese besondere Gruppenarbeit ein. Er fragte, wer einen Fall vorstellen möchte? Bei derartigen Fragen halten sich Erfahrene eher zurück, also meldete ich mich und berichtete von einer Patientin, deren Suizidversuch deutlich im Zusammenhang mit meiner medikamentösen Therapie bestand. Das wurde sehr unterschiedlich in der Gruppe besprochen, am Ende aber fragte mich Loch: Was würden Sie am liebsten mit dieser Patientin machen? Kurze Besinnung: Am liebsten würde ich sie schütteln." Die Erlaubnis dazu, das zu denken, aber nicht zu tun, öffnete mir den Zugang zu dieser Art des Denkens und das Methodische zu lernen besonders in Ascona bei den dortigen internationalen Balint Gesprächen, die Prof. B. Luban - Plozza zusammen mit seiner Frau Wilma organisierte. Jahre später wurde ich zum Vorsitzenden der Deutschen Balint Gesellschaft gewählt (1997). Bald danach konnten wir ein Buch über die ‚Grundlagen der Balintarbeit' publizieren. Hier zur Erinnerung das Kapitel, das wir mit M. Balint begannen: [65]

„Psychotherapie bei einem Kranken anzuwenden, machte mich während meines Medizinstudiums immer wieder befangen ... Wir befanden uns in den 30er Jahren, und die Situation in Ungarn wurde immer gespannter. Ich fand keine Institution, welche mir die Möglichkeit zur Erprobung meiner Idee hätte bieten können. So entschloss ich mich, mit mehreren praktischen Ärzten ein Seminar zum Studium der psychotherapeutischen Möglichkeiten in der täglichen Praxis einzurichten. Anfangs hatte ich nur sehr vage Ideen von den Bedürfnissen meiner Kollegen und begann das Seminar mit einer Reihe von Kursen,

---

[64] Petzold, E. R.: Ascona Prices – a short introduction 14. Int. Balint Kongress 2005, Stockholm
[65] Luban-Plozza, Boris: „Über die Entwicklung der Balintarbeit „In ‚Grundlagen der Balintarbeit-Beziehungsdiagnostik und- Therapie', überarbeitete Fassung des Kapitels In: Luban-Plozza, B.; H. Otten, U. und E. R. Petzold (Hrsg.), Bonz 1998

welche sich als völlig unnütz erwiesen. Das Interesse aber war trotzdem so groß, dass ich eine zweite Gruppe gründete. Die politische Situation verschlechterte sich. Wir mussten der Polizei die Namen der Teilnehmer unserer Versammlungen angeben. Ein Polizist in Zivil war bei jeder Sitzung dabei und notierte eifrig, was gesprochen wurde. Wir erfuhren nie etwas über den Inhalt dieser Aufzeichnungen und gleichfalls nicht, wer sie las. Das einzige, uns bekannt gewordene Ergebnis war, dass jener Polizist nach vielen Versammlungen einen Arzt aus unserer Gruppe für sich, seine Frau und seine Kinder konsultierte. Es erheiterte uns wohl etwas; eine echte Diskussion war aber unter solchen Bedingungen nicht möglich, und die Ärztegruppe löste sich schließlich wieder auf." (M. Balint)[66]

Grundlagen der Balintarbeit

Balint´s biographische Mitteilung setzte neue ‚Positionen des Möglichen' frei für eine gut funktionierende Gruppen- und Teamarbeit. Die entscheidende Bedingung für die Arbeit in der Balintgruppe ist die des freien Lernbedürfnisses und Abkehr von einer Verschulung. „Wenn die Balintgruppe einer Kontrolle politischer, ideologischer oder auch nur didaktischer Art unterworfen ist, dann wird ihre Dynamik mit Sicherheit ernstlich beeinträchtigt" so äußerten sich schon früh der Psychoanalytiker Prof. W. Loch und der Allgemeinmediziner Prof. Boris Luban-Plozza.

Zu Beginn des Zweiten Weltkriegs emigrierte Balint nach Großbritannien. Dort verstarb seine erste Frau Alice, die bedeutende kinderpsychiatrische Beiträge veröffentlicht hatte. Balint war drei Jahre Primarius der Child Guidance Clinic in Preston, Lancashire. Danach wurde er psychiatrischer Berater an der Tavistock Clinic und Beistand des psychiatrischen Dienstes des University College London. Nachdem er London zu seiner neuen Heimatstadt erwählt hatte, richtete er zusammen mit seiner dritten Frau Enid 1948 die ersten Seminare für Sozialarbeiter ein; 1950 folgten die Seminare für praktische Ärzte. So begann sich die Balint-Methode zu entwickeln. Die ersten Ergebnisse finden sich zusammen gefasst in Balints Buch „Der Arzt, sein Patient

---

[66] Zitiert von Prof. Boris Luban Plozza a.a.O.

und die Krankheit", das 1957 aus der Tavistock Clinic, London publiziert wurde und weltweites Echo fand.

Die Balintgruppen verbreiteten sich in aller Welt und dienten als Basis einer völlig neuen und sehr fruchtbaren Forschung. Balint hatte ein neues Konzept für die Betrachtungsweise der Arzt-Patient-Beziehung dargestellt, eine Betrachtungsweise, welche bis zu diesem Zeitpunkt von der medizinischen Wissenschaft weitgehend missachtet worden war. Aus seinem psychoanalytischen und gruppentherapeutischen Wissen gab M. Balint den Allgemeinpraktikern in England, in Frankreich und in den Staaten die Bedeutung innerhalb der Ärzteschaft zurück.

Balint schilderte damals die Situation der Ärzte, die lernen sollten, "die Schmerzen der Patienten anzuerkennen und zu verstehen: nicht nur vom Gesichtspunkt der Krankheit aus, sondern auch als Synonym der Verängstigung oder als Ausdruck eines persönlichen Konfliktes." Balint folgend kann eine ganzheitliche Diagnose und Therapie nur von einer besonderen Beziehung zwischen dem Patienten und seinem Arzt ausgehen.

Als Boris Luban-Plozza noch praktischer Arzt war, wurde er mit den vier Situationen, die Wolfgang Loch als „dynamisch unbewusste Faktoren" bezeichnete, immer wieder konfrontiert

1. Die momentane Situation des Patienten, in der sich die psychosomatische Affektion noch im Anfangsstadium befindet und unbewusste Konfliktfaktoren besonders aktiv sind;
2. Die psychosoziale Krisenzeit der Patienten, in der unbewusste Konflikte aktiviert werden;
3. Die chronifizierten Fälle;
4. Die Begleitung von sterbenden Kranken.

Diese vier Faktoren sind nach wie vor aktuell. Oft werden sie erst durch Erfahrungsaustausch innerhalb einer Balintgruppe richtig verstanden. Daraus zieht besonders der praktische Arzt großen Nutzen. Ein großer Prozentsatz der Patienten sucht diesen Arzt wegen seelischer Störungen auf und schreibt ihm damit die Rolle eines „Seelenarztes“ zu.

In dem so wichtigen zwischenmenschlichen Wechselspiel zwischen Arzt und Patient, verwandelt sich der Arzt selbst in eine Art Medikament („Arzt als Arznei“). Es handelt sich um eine Wandlung in der Persönlichkeit des Arztes. Diese Wandlung ist „begrenzt, aber wesentlich“, wie M. Balint immer wieder betonte. Obwohl er den Weg dieser Pioniertätigkeit stetig weiterverfolgte, blieb er in erster Linie Psychoanalytiker. Gegen die Bedeutungserteilung als „Vater“ der Balintgruppe würde er sich sicher verwehren.

Balint bemühte sich immer, die Fähigkeiten des praktischen Arztes besser zu verstehen und neu zu bewerten. Luban-Plozza erinnerte sich an die Wegbereiter-Atmosphäre der zahlreichen und stets packenden Begegnungen, die im Hause Balint in London zustande kamen. Unermüdlich lehrte uns Balint vor allem zuzuhören. Er pflegte zu sagen: „Als wenn wir ein drittes Ohr hätten“, oder „Zuhören durch alle Poren der Haut“. Ein Kollege war bei einem heiklen Fall in Schwierigkeiten geraten und fragte ihn um seine Meinung. Balint sagte: „Setzen Sie sich nahe zum Patienten und hören sie ihm zu und geben Sie ihm nicht mehr als einen Gedanken pro Sitzung mit.“

Balint hatte nichts von einem erhabenen Lehrstuhlprofessor; vielleicht übte seine Lehrtätigkeit gerade deshalb einen so fruchtbaren und außergewöhnlichen Einfluss aus. Er besaß die Gabe „mit dem Partner gemeinsam Problemlösungen zu suchen und ihn dabei nicht zu entmutigen, wie das viele Lehrer tun ... sondern im Gegenteil zu ermutigen und anzuregen ...“ Mit Balint konnte man „alles besprechen, was nicht für jeden Analytiker zutrifft“ (A. Mitscherlich). Als Gruppenleiter bestätigte M. Balint dem einzelnen Teilnehmer die Wichtigkeit seines Beitrages, wodurch sich dieser gestärkt fühlte und wagte, seine Beobachtungen entsprechend ernst zu nehmen.

Besonders während der von O. Meyer, einem Allgemeinarzt organisierten alljährlichen Studienwoche in Sils im Engadin fanden wir (Luban-Plozza et al.)wiederholt Gelegenheit, die Arbeitsweise Balints aus nächster Nähe kennenzulernen und zu bewundern. Im engen Kreise, am „Silser Morgen“ saß eine Gruppe von Ärzten mit Balint zusammen, die bereit war, geeignete Fälle aus eigenem Patientengut zur Diskussion zu stellen. Die übrigen Kursteilnehmer setzten sich in weiteren Kreisen um diese Kerngruppe herum; sie waren so von der Diskussion nicht ausgeschlossen. Die Kollegen der inneren Gruppe mussten, die der äußeren Kreise durften mitarbeiten. Aus dieser Gruppenform hat sich die Großgruppe entwickelt.

So ging es eine Woche lang, täglich zwei bis drei Stunden, bei unverminderter Aufmerksamkeit aller Teilnehmer. Es waren Besprechungen, wie sie M. Balint in London seit Jahren mit praktischen Ärzten durchführte und wie er sie bereits in dem genannten Buch „Der Arzt, sein Patient und die Krankheit“ eingehend beschrieben hat.

Bei den ihm vorgestellten Fällen erkannte Balint sehr wohl an, wie viel der berichtende Arzt von seinen Patienten wusste. Er wies aber nachdrücklich auf übersehene Fakten hin, auf Details, die für das Verstehen des Kranken und seiner Krankheit unentbehrlich waren: Beziehungen zu Ehepartnern und Kindern, zu Vorgesetzten und Untergebenen. Immer fand er Lücken in der Anamnese, die durch ein einfühlendes Gespräch hätten gefüllt werden können. Dies kann nicht in der zeitlich eng begrenzten Sprechstunde geschehen, sondern oft nur in einem längeren Gespräch. So schwer ein solches Gespräch in den übervollen Tag des Praktikers hineinzubringen ist, so sehr erweist es sich in der Regel doch als zeitsparend.

Balintarbeit als Denk - und Gefühlstraining

Balintgruppen haben in erster Linie die Aufgabe, die Arzt-Patient-Beziehung zu diagnostizieren. Aufgrund dieser Beziehungsdiagnose sollen sie den Arzt befähigen, therapeutische Eingriffe vorzunehmen, alle klärenden „Interpretationen“ zu geben. Die Arzt-Patient-Beziehung ist aber auch ein wesentlicher Teil der Behandlung (Beziehungstherapie). Die Beziehungsdiagnose soll vor allem die Dynamik und Struktur der Beziehung des Patienten zum Arzt beinhalten, die in der Regel bald die charakteristische Übertragungsform annimmt. Sie entspricht auch der Beziehung, die der Patient zu anderen, ihm emotional wichtigen Personen unterhält. In Balintgruppen spielen sich diese Beziehungsformen und -muster oft spontan wieder, was deren lebendiges Erfahren und Erfassen möglich macht. Es handelt sich um Instru–

mente zur Diagnostik und Therapie pathogener zwischenmenschlicher Verhaltensmuster.

Das in der ärztlichen und heutzutage (2019) leider oft auch in psychiatrischen Praxen eher brachliegende psychologische Rüstzeug des Arztes wird in der Balintgruppenarbeit auf der Grundlage der modernen Tiefenpsychologie, der Interaktionellen Fallarbeit.[67],[68] Rollenspiele; Skulptur[69] und der systemischen Therapieansätze - zur Entwicklung und Differenzierung gebracht - wissenschaftlich und methodisch. Es wird in das medizinische Handeln integriert - das Handwerkliche bleibt im Vordergrund. Dabei handelt es sich um etwas grundsätzlich Neuartiges in der medizinischen Bildung, nämlich um einen emotionalen, subjektiven und nicht nur rationalen Lernprozess. Dieser bezieht die Persönlichkeit des Therapeuten mit ein, seine psychologische Begabung, seine Emotionalität, sein Einfühlungsvermögen, seine Fähigkeit zum Gespräch und zu mitmenschlichen Beziehungen, sein Mitgefühl und seine Intuition.

Der Arzt soll befähigt werden, die hinter den Klagen des Kranken verborgenen Probleme und Konflikte aufzuspüren, zu „übersetzen“ um sie dem Patienten nahebringen zu können. Es geht darum, die irrationalen, unbewussten Signale, die am Verhalten besonders des schwierigen „Problempatienten“ sichtbar werden, wahrzunehmen und zu verstehen.

Die Balintgruppenarbeit vermittelt im Sinne der Beziehungsdiagnostik Einsichten in die emotionale Beziehung zwischen Kranken und Therapeuten. Das richtige Sprechen mit dem Patienten und vor allem auch das Verstehen seiner Symbol- und Körpersprache gehören zum Prozess der Beziehungsdiagnose. Das helfe, das ärztliche Mitagieren zu erkennen und zu vermeiden. „Durch Gärung zur Klärung“, pflegte Luban-Plozza immer wieder bei seinen Einführungen in die Balintarbeit zu betonen.

---

[67] Kerkloh, M.: Die Bedeutung des Ebenenwechsels in der Interaktionsbezogenen Fallarbeit; B J :2019 S.195-112

[68] Stepputat, F.: Achtsamkeit und Akzeptanz in der Interaktionsbezogenen Fallarbeit (IFA); B J:2019; 20: 113-120

[69] Otten, H.: Professionelle Beziehungen - Theorie und Praxis der Balintgruppenarbeit, Springer, Heidelberg, 2012

Nach Balint kommt es darauf an, „das Alte in einem neuen Licht zu sehen“. [70]

Der Erwerb von mehr psychosozialer Kompetenz geschieht hier durch Denk- und Gesprächstraining. Eigenes Denken und Erleben soll angeregt, das Wahrnehmen von Gefühlen sensibilisiert werden.

Der Prozess der psychologischen Ausbildung des Arztes erfolgt mittels Diskussion in Gruppen von acht bis zwölf Teilnehmern. Diese treffen sich wöchentlich oder alle zwei Wochen zu Sitzungen von je 1 ½ Std. oder mehr. Bei diesen Treffen wird durchgesprochen, was die Teilnehmer in der täglichen Praxis mit ihren Patienten erlebten. Es geht um eine Ausbildung, die sich meist über zwei bis drei Jahre oder länger erstreckt. Gleichermaßen können praktische Ärzte und Klinik-Ärzte teilnehmen. Die Gruppenarbeit stützt sich nicht auf streng umschriebene Regeln, weder für den Gruppenleiter noch für die Teilnehmer; die Bemühungen zielen vielmehr dahin, jedem einzelnen Arzt zu helfen, sein berufliches Handeln in einer umfassenderen Weise zu verstehen um es nach und nach auch gezielter und wirksamer einsetzen zu können.

Die psychologische Ausbildung der Ärzte ist jedoch nur ein Aspekt der Arbeit, die in den Balint Seminaren vorangetrieben wird. Ein anderer Aspekt ist die stetige Auseinandersetzung mit der Medizin als Disziplin und der Funktion des Arztes. Der traditionellen Medizin, die allen Studenten gelehrt wird und die fast ausschließlich „krankheitszentriert“ ist, wird eine andere „patientenzentrierte“ Medizin zur Seite gestellt. In der krankheitszentrierten Betrachtungsweise wird jedes Individuum als komplizierte Maschine mit biochemischen Funktionen verstanden.

Hier wird versucht, jedes vom Patienten und dem Arzt angebotene Symptom als Zeichen einer funktionellen Störung dieser Maschine zu erklären. Diese Betrachtungsweise wird mehr und mehr zu einer exakten Naturwissenschaft werden und möchte ständig präzisere Methoden entwickeln, um jede funktionelle Abnormität identifizieren und die Normabweichung nach Möglichkeit korrigieren zu können. Entspre-

---

[70] Zitiert von Prof. Boris Luban Plozza a. a. O 1998

chende Studien zeigen jedoch, dass mindestens 20 bis 30 % der Patienten von praktischen Ärzten nicht an einer organischen Erkrankung leiden.[71] Selbstverständlich sind diese Patienten auch als krank zu betrachten. In diesen Fällen können die diagnostischen und therapeutischen Methoden der krankheitszentrierten Medizin jedoch wenig oder gar nichts bewirken.

Die Balint Methode der Ausbildung, die mittels Hilfeleistung von Kollegen zwischen 1953 und 1955 entwickelt wurde, ist heute weitgehend abgesichert und hat sich inzwischen in vielen Ländern ausgebreitet. Neben der Ausbildung bereits praktizierender Ärzte scheint sich die Balint Methode auch für eine erste Sensibilisierung von Medizinstudenten für die patientenzentrierte Medizin zu eignen (vgl. Anamnesegruppen). Ebenso bieten sich Möglichkeiten, die spezifischen Beziehungsprobleme anderer Berufsgruppen (Sozialarbeiter, Pädagogen, Theologen, Psychologen, u. a.) in entsprechenden Gruppenseminaren zu bearbeiten. Besonders interessant scheint die Balintgruppenarbeit mit Seelsorgern (H. Argelander, A. Trenkel) sowie mit Pflegepersonal.

Der passende Fall

Einer der Schwierigkeiten, denen man in den ersten Arbeitssitzungen von Balintgruppen begegnet, besteht darin, den „passenden Fall" zu finden. Mit anderen Worten: Nach welchen Kriterien ist zwischen den „würdigen" und den „belanglosen" Fällen zu unterscheiden? Diesbezüglich ist es nützlich, sich daran zu erinnern, wie Balint gelegentlich die Gruppenarbeit eröffnete. Er wandte sich nämlich einem Kollegen zu und forderte diesen auf: „Erzählen Sie uns die Geschichte des letzten Patienten, der Sie heute Nachmittag besuchte."

Einstellung des Arztes und das Risiko der Psychologisierung

Die Methode Balints könnte ein Weg sein, die Einstellung des Arztes zu ändern, indem ein den ganzen Menschen umfassendes Verständnis angestrebt wird. Wir können versuchen, die übliche Art und Weise der Beantwortung des Appells eines Patienten durch den Arzt auf vier Verhaltensnormen zu reduzieren.

---

[71] Luban-Plozza B.: „Über die Entwicklung der Balintarbeit" , a. a. O. 1998

Formen der Zurückweisung der Krankheit:

1. Es handelt sich um jene Ärzte, die von ihren Patienten denken: „Ihre Symptome sind nur Einbildungen".
2. Der Arzt stürzt sich in eine minutiöse Erforschung auffälliger körperorganischer Defekte oder Funktionsabweichungen. Er benutzt dazu viele Laboruntersuchungen, Röntgenbilder, EKG`s etc.
3. Der Arzt vervollständigt wie ein Detektiv die Anamnese, indem er den Patienten fortwährend ausfragt und verhört. Er entfernt sich dabei häufig von der eigentlichen Problematik des Patienten.
4. „Medizinmann"-Funktion: Der Arzt erteilt, indem er ein Alibi für sich selbst sucht, Beruhigungen, Versicherungen und Ratschläge, was für den Patienten völlig nutzlos ist.

Im Gegensatz zu diesen typischen Verhaltensweisen gilt für M. Balint, dass der Arzt die Pflicht hat, dem Kranken zuzuhören und zu versuchen, ihn zu verstehen. Dabei geht es ihm in erster Linie um verborgene Bedürfnisse des Patienten, die für seine Krankheit von Bedeutung sind. Folgende Punkte seien hervorgehoben:

1. Der Arzt soll die Bedürfnisse des Patienten erkennen.
2. Er soll verstehen, was sie für den Patienten und für ihn bedeuten.
3. Er soll sich überlegen, ob und in welcher Form er seine Einsichten oder Vermutungen dem Patienten mitteilen will.

Verhält sich ein Patient dem Arzt gegenüber unangenehm, dann ist das meist ein Symptom seiner „Krankheit" (z. B. Trotzreaktion). Gerade hier gilt es zu verstehen, weshalb der Patient unangenehm sein muss und zu erkennen, welche seine eigentlichen Bedürfnisse sind. Einige charakteristische Ideen M. Balints seien erwähnt, die er während seiner Seminare gerne preisgab: „Eine Mitteilung des Patienten soll man ernst nehmen, sie evtl. wiederholen und damit eine aufbauende Wirkung im Gespräch erzielen ... Es ist besser, dem Patienten im Sprechzimmer einige Minuten zu widmen und ihm zuzuhören, als ihn nach Mitternacht wieder am Telefon zu haben."

Andererseits soll der Arzt dem Patienten nicht sogleich alles mitteilen, was er von dessen Konflikten verstanden hat. Die Gefahr wäre zu groß, dass sich der Patient dadurch in übertriebene Angst steigern und davonlaufen könnte.

Die Gefühle eines Patienten muss der Arzt ernst nehmen; er darf aber nicht unbedacht auf die Gefühle reagieren (d. h. zuhören, aber zurückhaltend bleiben). Der Arzt soll immer auf seine eigenen Gefühle im Umgang mit dem Patienten achten, auch bei der körperlichen Untersuchung: Wie wirkt der Patient auf mich? Wie erlebe ich den Patienten? Auch „negative" Befunde haben ihre Bedeutung. Z. B.: Weshalb wird etwas verschwiegen? Weshalb spricht der Patient nie vom Vater? Wenn wir solchen Auslassungen keine Beachtung schenken, vernehmen wir viel Unwesentliches aber wenig Wesentliches.

Jede Therapie erfordert, dass der Arzt seine eigene Rolle in der Beziehung zum Patienten immer wieder überprüft. In unseren Seminaren sagte M. Balint z. B.:

„Sicher muss der Preis für die bedeutsame, wenn auch begrenzte Modifikation der Persönlichkeit des Arztes bezahlt werden; besonders in der ersten Etappe, die Zeit und bedeutende Investitionen verlangt, welche zum Glück in den späteren Etappen zurückerstattet werden ... Man muss leiden, um zu wachsen ... Der Arzt zeigt sein Interesse in Bezug auf den Patienten nicht so sehr durch Worte als durch seine Hingabe, d. h. durch eine wahre Verfügbarkeit ... Es gibt Personen, die, wenn sie es aus irgendeinem Grund schwierig finden, ihre Lebensprobleme zu meistern, auf eine Krankheit zurückgreifen ..." Diese Patienten gehen oft jahrelang in einem nur oberflächlich gut erscheinendem Einvernehmen zum Arzt. Es besteht zwischen Arzt und Patient ein stillschweigender Kompromiss, ein „Arrangement".

Die Krankheit wird von beiden in gleicher Weise als „zu Recht bestehend" akzeptiert. In dieser Situation kommt es leicht zu einer „Komplizenschaft", die dem Patienten in seiner schweren Problematik – die eigentliche Ursache seiner Symptome – nicht weiterhilft.

Zur Diagnose und Therapie

Hier geht es um eine besonders wichtige, keineswegs selbstverständliche Feststellung von M. Balint: „Eine medizinische Diagnose erhält erst dadurch ihren Sinn, dass sie eine entsprechende Therapie ermöglicht." In Bezug auf die psychologischen Aspekte der Krankheit sah Balint die Gefahr, sich nicht ausreichend mit der eigentlichen Therapie zu befassen. Er erzählte gerne folgende Episode: „Während einer klinisch-pathologisch-psychosomatischen Versammlung auf höchster Ebene an der Mayo-Klinik, nach einem brillanten diagnostischen Exposé und einer ebenso brillanten Diskussion, erlaubte sich der junge Assistent, den berühmten Professor und Moderator zu fragen: ‚Und die Therapie?', worauf der Professor antwortete: ‚Gebt ihm Aspirin oder etwas anderes!'"

Die psychologischen Faktoren einer Krankheit werden meist als unwichtig betrachtet, indem zuerst Organisches abgeklärt und behandelt wird. Was zuerst klargestellt wird, erweckt auch beim Patienten den Eindruck des Wichtigeren; die Reihenfolge der Diagnosestellung spielt eine maßgebliche Rolle. Eine Reihe von Patienten gewöhnt sich an eine bestimmte Art medizinischer Tätigkeit; wenn diese Patienten zu einem Arzt gehen, wollen sie immer diese Art von Medizin angewandt sehen. Balint hat sich mit den Charakteristiken dieser „Krankheiten" beschäftigt, wie sie bei solcher Art von Medizin diagnostiziert werden. Dabei hatte er gesehen, dass es sich meist um eine Störung des Gleichgewichts zwischen Belohnungen und Enttäuschungen handelte. Diese Kranken beschweren sich über eine große Zahl von Symptomen; der Arzt versucht, mit Hilfe seiner Fantasie und einer Fülle von Untersuchungen, diesen Symptomen „eine Krankheit" zu geben, einen Namen, ein Etikett.

M. Balint hat das Verdienst, dass sich viele Ärzte neben ihrer beruflichen Tätigkeit wieder mehr für die Persönlichkeit der Kranken zu interessieren begonnen haben. Balint hat seine Forschungen aufgrund seiner eigenen ärztlichen Erfahrungen, seiner psychologischen Wahrnehmungsfähigkeit und aufgrund zahlloser Gespräche mit praktischen Ärzten entwickelt. Er untersuchte, was der Kranke von seinem Arzt erwartet, indem er ganz besonders die Charakteristiken der Arzt-Patient-Beziehung erforschte. Diese Arbeit hatte zur Folge, dass sich heute in vielen Ländern eine ständig wachsende Anzahl von Ärzten in

Balintgruppen zusammenschließen, um unter Mitarbeit eines Gruppenleiters diese fruchtbaren Untersuchungen zum Wohle vieler Patienten fortzusetzen.

Deswegen noch ein kurzer kritischer Blick auf ein sehr allgemeines Unbehagen.

Schlussfolgerungen

In zunehmendem Maße erkennt der praktische Arzt, dass hinter vielen Krankheiten seelische Schwierigkeiten, Sorgen im Beruf und in der Familie stehen. Meistens fürchtet er, zu viel Zeit und Kraft zu „verlieren“, wenn er auf diese Hintergründe eingehen würde.

Als Antwort auf dieses Problem entstand die grundlegende Idee M. Balints: Der praktische Arzt sollte sein eigenes Gefühlsleben im Umgang mit seinen Patienten als diagnostisches und therapeutisches Instrumentarium benutzen lernen. Somit betrachtet er gezielter die Beschwerden seiner Patienten nicht nur als „Ausfluss“ eines somatischen Leidens, sondern zugleich als (möglicherweise körperlichen) Ausdruck einer Konfliktsituation oder einer Anpassungsstörung.

Die Entwicklung der Balintgruppen stellt eines der interessantesten Ereignisse auf medizinischen und psychologischen Gebieten nach dem Zweiten Weltkrieg dar. Man darf sagen, dass diese Bereiche durch Balint entscheidend verändert worden sind. Trotz allem muss nachhaltig darauf hingewiesen werden, dass das allmähliche Umlernen in der Medizin ein langwieriger Prozess ist und dass eine allzu schnelle wahllose Verbreitung der Balint Methode auch ihre Risiken birgt.

Für die Balint-Forschung sowie für die Förderung und Ausbreitung der Balintarbeit ist es wichtig, dass sich alle Beteiligten einer gemeinsamen Sprache bedienen. Die Bildung von Trainingsseminaren für Gruppenleiter kann sicher ein erster Schritt in diese Richtung sein. In solchen Gruppenleiter-Trainingsseminaren können deren Eindrücke, Erfahrungen, Meinungen und individuelle Techniken unter einander besprochen und diskutiert werden. So können diese sich gegenseitig helfen, ihre Balintarbeit zu fördern oder zu verbessern. Für M. Balint ist es wohl bezeichnend, dass er noch vor seinem plötzlichen Tod im

Dezember 1970 voller neuer Ideen war.

Was haben wir danach gemacht?

Aus einer Vielzahl von „Positionen des Möglichen“ sei zunächst die „Balintarbeit in einem Universitätsklinikum“ erwähnt[72] und die Frage nach der Forschung, die M. Balint immer wieder angemahnt hatte. [73] Zu erwähnen sind aber auch die Ascona Balintpreise, heute ausgeschrieben als „Internationaler Studenten Balint Preis“ („Int. Balint Student Award“), gemeinsam mit der International Balint Federation (IBF). Mit eindrucksvollen Referaten präsentieren die jungen Preisträgerinnen und Preisträger aus aller Welt ihre Erlebnisse im Studium bei den Internationalen Balint-Kongressen alle 2 Jahre[74].

Zu erwähnen sind die Anamnesegruppen an vielen deutschsprachigen Universitäten u.a. mit W. Schüffel in Marburg, mit Frau Dr. F. Keifenheim et al. in Tübingen[75] und die alljährlich fast zwanzig Balintstudien Tagungen allein in Deutschland .

Nicht unerwähnt sei das Balint Journal, 2000 gegründet und dank eines kompetenten Redaktionsteams und der behutsamen Arbeit von Günther Bergman als Schriftleiter bis heute in den deutschsprachigen Ländern fort geführt. Ich meine, wir haben einen Teil des alten Kontinents der Medizin wieder gefunden.

An dem 21. Internationalen Balinttreffen in Aachen (1992) bald nach der Eröffnung der Klinik für Psychosomatik und Psychotherapeutische Medizin - hochengagiert von Studentinnen und Studenten mit vorbereitet - nahmen über 400 Teilnehmer aus Ost und West an den fast zwanzig Workshops teil. Zehn Jahre später konnten wir mit der Hilfe von Günther Bergmann und Peter Eich vom Thieme Verlag das Balint Journal gründen. Jetzt feierten wir das zwanzigjährige Erscheinen die-

---

[72] Ludwig-Becker, F.; A. Schwarte und U. & E. R. Petzold: „Balintarbeit in einem Universitätsklinikum“ In: Luban-Plozza; H. Otten und U.& E. R. Petzold (Hrsg.): Grundlagen der Balintarbeit, Bonz Verlag, Echterdingen1998

[73] G. Schiepek, Altmeyer, S.; V. Perlitz; E. R. Petzold/Aachen und Strunk, PhD/Wien: How to do Research on Balint? In: J. Salinsky and H. Otten: The Doctor, the Patient and their well- being-world wide, proceedings of the 13th International Balint Congress, Berlin 2003

[74] Petzold E. R.: Ascona Prices- a short introduction 14. Int. Balint Kongress 2005, Stockholm

[75] Keifenheim K. E., M. Teufel, E. R. Petzold: Tübinger Modell der Anamnesegruppen Balint Journal 2014: 15: 56–60

ses einmaligen Journals, einmalig, weil es in Ergänzung zu den bekannten wissenschaftlichen Journalen dezidiert auf die Arzt-Patient-Beziehung fokussiert ist.

Dankbar erwähnen möchte ich aber auch die Kolleginnen und Kollegen im Vorstand der Deutschen Balint Gesellschaft, mit denen ich zusammen arbeiten durfte: Frau Dr. Ethe Stubbe, Frau Dr. Heide Otten, Herr Dr. Sigmar Scherer, Frau Dr. Belinde Kahleyss, Herr Dr. Hermann Even, Herr Dr. Thomas Kanzow, Herr Dr. Stefen Häfner. Ebenso dankbar bin ich den Kollegen wie Dr. Norbert Günzel und Dr. Josef Eichfelder, Dr. Philipp Herzog und vielen anderen, die die regionalen Balinttreffen organisiert hatten.

Kap. V
Von der Physiologie, Salutogenese und den Wartburggesprächen [76,77,78]

Was ist Physiologie?

Wissen es die Physiologen, die die Medizin Geschichte der letzten beiden Jahrhunderte mit geschrieben haben? Ich denke an Ernst v. Brücke und Hermann Helmholtz, Emil Du Bois- Reymond und Carl Ludwig/Leipzig. Sie alle waren wie auch Rudolf Virchow Schüler von Johannes Müller (1801-1858?), der als junger Mann der Naturphilosophie eines Goethe nahestand, später unter dem Einfluss von Görres statt Theologie Medizin studierte, trotzdem oder gerade deswegen ein Buch über 'Phantastische Gesichte' schrieb, die ‚Müllerschen Gänge' entdeckte und das ‚Gesetz von der spezifischen Sinnesenergie'. Am Rande erwähnt er, dass die „Gesichte seiner Kindheit- verschwommene Gesichter an den Wänden der Häuser – etwas Geheimnisvolles blieben, weil der Phantasie die Anerkennung versagt blieb." Als ich das später einmal in einem Vortrag erwähnte, kam eine ältere Dame erleichtert und dankbar auf mich zu. Sie habe derartiges so oft in Maserungen des Holzes gesehen, dieses Geheimnis aber niemanden mitteilen können. Im Berlin der Restaurationszeit wurde J. Müller zu einem der großen Anreger der o. g. und vieler anderer.

Ein Schüler von Ernst v. Brücke war Sigmund Freud, der sich in dessen Wiener Labor seine ersten Meriten verdiente. Ein Schüler von C. Ludwig in Leipzig war G. T. Fechner, Lehrer von W. Wundt und der erste, der eine Systemtheorie schrieb und schon Begriffe wie ‚lebende Systeme' mit ihrer Offenheit und Geschlossenheit definierte. Auf ihn berief sich auch Freud. ‚Ich war immer für die Ideen G. T. Fechners zugänglich und habe mich in wichtigen Punkten an diesen angelehnt,

[76] W. Schüffel, Brucks, Johnen et al.: Handbuch der Salutogenese- Konzept und Praxis, Ullstein Medical,1998
[77] Schüffel W.: Medizin ist Bewegung und Atem; Projekte Verlag, Halle 2009
[78] Schüffel W.:(Hrsg.): Wartburg Phänomen Gesundheit – eine Anthologie der Selbstwirksamkeit, Projekte Verlag, Halle 2012

(Freud, 1925) zitiert von C. Sies und B. West-Leuer 2003 S. 13)[79]. Sie betonen den zentralen Punkt, den ich auch als ein Anliegen der Salutogenese verstehe: Lebende Systeme lassen sich nicht von außen – autoritär – zur Informationsaufnahme zwingen. Sie sind ‚informationsdicht'. Ein System nimmt nur das auf, was seiner Struktur entspricht, was es selbst in einen Prozess bringen kann. Für die hier gemeinte Kohärenz (Tradition) stehen auch die französischen Physiologen: F. Magendie und Claude Bernard.

V. v. W. sagte in seiner Gedenkrede auf Ludolf Krehl: ‚Er träumte den Traum des großen Magendie'. Ich, (E. R. P.), liebe dieses Zitat, da es für die Personalisierung eines grandios anmutenden, holistischen Gesundheitsprogramms steht. Das entspricht auch der Benennung der Stationen einer großen Klinik in Paris nach den Männern, die ein Jahrhundert der Medizin gestalteten. Ich habe diesen Traum weiter geträumt, nicht unbedingt in der Personalisierung, wohl aber in dem Versuch, eine ganzheitliche Medizin als eine Anthropologische Medizin zu realisieren.

Die Heidelberger Medizinische Klinik wurde nach Ludolf Krehl benannt. Ihre Stationen folgten analog zu dem französischen Modell mit Namen großer deutscher Mediziner: Griesinger und Liebermeister, Curschmann und Schönlein, Erb und Naunyn, Matthes und Wunderlich, Friedreich und Siebeck, Morawitz. Mein Vorschlag Mitte der siebziger Jahre unsere, die psychosomatische Station AKM (Allgemeine Klinische Medizin) nach V. v. Weizsäcker zu benennen, wurde mit deutlicher Zeitverzögerung in den achtziger Jahren umgesetzt. Dafür bin ich dem damaligen Dekan Herrn Prof. W. Herzog immer noch dankbar.

Einer der Großen in Paris war Claude Bernard (1813–78). Er erkannte nicht nur die Rolle des Pankreas für die Verdauung, die Leberfunktion für die Glukoneogenese, die Regulation des Blutdrucks durch das nervöses Nervensystem, sondern auch das Prinzip der Homöostase.

Das Prinzip der Homöostase spielte in den achtziger Jahren des vori-

---

[79] C. Sies und B. West- Leuer: Ein Kursbuch für Psychodynamische Beratung, Stuttgart: Pfeifer 2003 S. 13)

gen Jahrhunderts auch eine große Rolle in der Familienpsychosomatik und ist bis heute aktuell (I. Boscormenyi Nagy, P. Dell [80]).

Die von Weizsäcker geforderte Einbindung der subjektiven in die objektive Erforschung des Menschen beginnt mit ,introspektiven Experimenten, sorgfältiger Schilderung subjektiver Empfindungen und ,Phasensprüngen'. Das entspricht der Homöostase.

Den berühmten Satz von V. v. Weizsäcker: ,Um Lebendes als Lebendes wahrzunehmen, muss man sich an der Bewegung des Lebens beteiligen' las ich im Sinne von Friedrich Cramer[81] dass Zeitbäume jedes Lebens sich entfalten müssen ... auch und gerade die ,sprunghaft sich ändernden Abläufe' seien sorgfältig zu dokumentieren. Cramer schreibt über Schwingungen als einen integrierenden Mechanismus, der eine ganzheitliche Weltsicht ermöglicht, die frei von esoterischen Elementen ist. Resonanz ist primär ein akustisches Schlüsselwort (resonare) mit dem Cramer die von ihm gemeinte Form der Wechselwirkung öffnet, um über Töne und Klänge, also Schwingungen die raumzeitlichen Strukturen miteinander in Beziehung zu setzen. Reflexion ist demgegenüber ein kinästhetisches (senso-motorisches) Schlüsselwort, das sehr präzise die Wiederholung eines Prozesses aufnimmt. (reflectere = zurückbiegen) Cramer schreibt: „Im Zeitbaum habe ich bewiesen, dass alle stabilen Strukturen in der Realität Schwingungen bzw. harmonische Oszillatoren (Sinusschwingungen) sind: Das Planetensystem, der Blutkreislauf, die Hormoncyclen, die Struktur des Gehirns mit seine periodischen Hirnströmen, die Ökosysteme mit ihren Stoff- und Energiekreisläufen. Sie alle sind Schwingungen mit einer definierten Periode der Frequenz und stabilisieren sich in ihrer Eigenfrequenz."[82]

---

[80] Dell P.: Beyond homeostasis- Toward a concept of coherence- Family Process, 2000,21-41)
[81] Cramer F.: Symphonie des Lebendigen – Versuch einer allgemeinen Resonanztheorie, Insel Taschenbuch 1996
[82] F. Cramer in R. Sheldrake in der Diskussion angestiftet von H. P. Dürr und F. Th. Gottwald, Scherz Verlag 1997

Die „synergetische Entwicklung“ der Salutogenese aus dem Blickwinkel der Physiologie

Mit Hilfe des Gestaltkreises beschrieb V. v. Weizsäcker den Einheitsgedanken von Natur und Mensch an dem konkreten Beispiel von Wahrnehmen und Bewegen. Er folgte dabei auch Anregungen von Sherrington (Nobelpreis 1928) und der von ihm entwickelten Reflextheorie anfangs des vorigen Jahrhunderts. Zeitgleich mit V. v. Weizsäcker beschäftigten sich große Systemphysiologen wie Walter-Rudolf Hess (Nobelpreis 1949) und Erich von Holst (1908–1962) mit diesen sprunghaft ablaufenden Reaktionen und entwickelten ein Verständnis für die komplexen Lebensabläufe, die weit über die reduktionistischen Ansätze heutiger Zeit hinausreichen.

Verlauf und Bedingungen psychophysiologischer und psychotherapeutischer Prozesse

Aus der Perspektive der Synergetik haben wir mittels zeitsensibler nicht-linearer Rechenmethoden den Verlauf und die Bedingungen psychophysiologischer (V. Perlitz) und psychotherapeutischer Prozesse (G. Schiepek) in relativ einfachen Untersuchungen und Studien erkundet. Grundlegend dabei waren die Annahmen, dass sich sowohl in der Psychophysiologie (Autogenes Training) wie in Psychotherapien selbstorganisierte Ordnungsübergänge finden, sprunghaftes Verhalten von Mustern, die sich verändern und dabei Phasen kritischer Instabilitäten durchlaufen. Sir Charles Sherrington sprach von ‚reactions per saltim‘.

Beispielhaft für ‚sprunghaft sich ändernde Abläufe‘, für Ordnungsübergänge und vor allem für durch Schwingungen gekoppelte Raum-Zeit-Strukturen wird auf die ersten und jüngsten Ergebnisse der Aachener Arbeitsgruppe um V. Perlitz und K. Mathiak verwiesen. Die erste Beschreibung zeigte eine signifikante Zunahme der Emergenz des ca. 15 Hz Rhythmusbandes in der Stirndurchblutung nach der Formel: Stirn angenehm kühl bei Personen, die das Autogenen Trainings nach mehrjährigen Lernprozess routiniert einzusetzen gelernt hatten.[83,84,85], In der jüngsten Untersuchung peripher-physiologische Daten (Hautdurchblutung, Herzratenvariabilität und Atemaktivität) wurden zusammen mit blutsauerstoffabhängigen (BOLD) - Daten des ZNS aufgezeichnet. So konnte erstmals gezeigt werden, dass mit dem ursprünglich nur in der Haut gefundenen 0,15 Hz Rhythmusband ein Ordnungs-Ordnungsübergang in einem eigenen zentralnervösen Netzwerk stattfindet und zwar - im Sinne von Weizsäckers - zwischen der organismischen Ordnung ‚Extroception' und der organismischen Ordnung ‚Introception'. Damit erwies sich das Autogene Training als ein geeignetes Instrument zur Induktion selbst-organisierender Prozesse. Hierbei ist selbstorganisierend in einem doppelten Sinne zu verstehen, nämlich als Prozess, der unabhängig von externen Einflussgrößen abläuft, der dadurch zu einer neuen Ordnung des Selbst führt.

V. Perlitz et al. setzten mathematische Analysemethoden ein, mit denen die in der Psychophysiologie üblichen Reiz-Reaktionsprotokolle zeitsensibel Daten von althergebrachten physiologischen Messmethoden, wie der Licht Reflexion- Plethysmographie (kurz: PPG), zu neuer Bedeutung verhalf. Dies diente auch zum Nachweis der Effektivität des Autogenen Trainings.

G. Schiepek übernahm das zentrale Prinzip der Selbstorganisation – wie es Hermann Haken, der Physiker und „Vater des Laserstrahls" formuliert hatte (Haken 1990,1992 und 1996). Gezeigt wurde, wie aus der Wechselwirkung zwischen den Elementen eines Systems kohärente Verhaltensmuster bzw. Ordnungsstrukturen entstehen, die ihrerseits die Verhaltensmöglichkeiten der Elemente im Sinne des sich herausbildenden Musters einschränken. Es bestehe also ein kreiskausaler Zusammenhang (Gestaltkreis) nicht nur zwischen den Elementen eines Systems, sondern auch zwischen Bottom-up- und Top-

---

[83] Perlitz V, Cotuk B, Schiepeck G, Sen A, Haberstock S, Schmid-Schonbein H, Petzold E. R. & Flatten G. (2004b). Synergetik der hypnoiden Relaxation. Psychotherapie, Psychosomatik, medizinische Psychologie 54, 250–258.

[84] Keller, Micha; Pelz, Holger; Perlitz, Volker; Zweerings, Jana; Mathiak, Klaus.: Neural . correlates of fluctuations in the intermediate band for heart rate and respiration are related to interoceptive perception. In Psychophysiology. Mai 2020

[85] Perlitz, V., Schmid-Schönbein, H., Schulte, A., Dolgner,J., Petzold, E.R., Kruse, W.: Zur Effektivität des Autogenen Trainings. Phasenübergänge in der Mikrozirkulation. Therapiewoche 9, 1536–1543 (1996)

down-Prozessen. Das System erzeuge seine eigenen Verhaltensvorgaben. Das Neue sind die Funktionskreise zyklischer Prozesse, die Möglichkeiten mit der Theorie der Synergetik – im Hintergrund mit nicht-invasiven Techniken – das Epiphänomen des „Phasensprungs", wohl auch die der Kipp-phänomene der Übergänge von einem Bereich in einen anderen, objektiv zu messen. Um an die Physiologie eines Sherrington und Weizsäckers anzuknüpfen: Es geht um die Konsensualisierung von apriorischen motorischen und sensorischen Rhythmen (a. a. O. H. Schmid-Schönbein, 1998).

Nicht der Entstehungsort, sondern der Energiegehalt bestimmt die Abläufe, ihre Stärke, Intensität, Richtung, Dauer. All diese Phänomene der synergetischen Physiologie sind im Zusammenhang mit der Salutogenese noch weiter zu untersuchen, aber schon jetzt kann man sagen:

„Die Neigung, sich in geordneten Mustern zu bewegen, ist vielen „getriebenen Mehrphasensystemen" nicht „eigen", im Sinne einer nicht fassbaren „Quantität", sondern stellt eine Ablaufmöglichkeit dar. Die Grundeigenschaften der Elemente sind der Materie kontingent, das kollektive Ablaufmuster stellt eine Tendenz für ein Gemisch dar, das sich auf der Strecke zwischen dem unwahrscheinlichen geordneten zu dem wahrscheinlichen aber ungeordneten Gleichgewicht befindet." (H.S.S.)

„Entscheidend für die Weiterentwicklung ist die Möglichkeit, erstens ein materialistisches Modell zu konstruieren, das Wahrnehmen auf die Formel Bewegen, also einen rhythmisch modulierten neurodynamischen Ablauf, zurückführt, und zweitens besteht die Möglichkeit aus synergetischen Ansätzen das Wahrnehmen qualitativ als „erlebte Bewegung" und gleichzeitig als „bewegtes Erleben" zu erklären."(HSS)[86]

Die synergetische Physiologie kann man als räumlich-zeitliche Muster von Aktionspotential-Sequenzen operationalisieren. „Erlebtes Bewegen" ist in der Sprache der Informationstheorie „objektiv messbar". Räumlich-zeitliche Muster von Aktionspotentialsequenzen sind operationalisierbar.

[86] H. Schmid-Schönbein, a. a. 0.1998

Der chilenische Neurobiologe F. Varela sprach über „Erkenntnis und Leben“ und „Wahrnehmung“, besonders die Wahrnehmung von Farben, um seine Vorstellung von den Prozessen der Informationsverarbeitung zu verdeutlichen. Ausgehend von der simplen Aussage: „Wahrnehmung besteht aus Input, Verarbeitung und Output“ und der Kritik: „Das sei kein sehr guter Schluss und sei zu revidieren“. Genauer: Zu revidieren sei die Cartesianische Angst, Gefangener einer „Entweder-Oder Situation“ zu sein. Entweder man hat ein festes, objektives wissenschaftliches Fundament oder man hat keines, und das meint Chaos. Für ihn, Varela, ist Descartes Opfer eines sehr alten Bemühens um ein solides Bezugsystem. Ähnlich wohl Kant. F. Varela zitiert Kant aus der Kritik der reinen Vernunft:

„Wir haben jetzt das Land des reinen Verstandes nicht allein durchreist, und jeden Teil sorgfältig ins Auge genommen, sondern es auch durchmessen und jedem Dinge auf demselben seine Stelle bestimmt. Dieses Land aber ist eine Insel und durch die Natur selbst in unveränderliche Grenzen eingeschlossen. Es ist das Land der Wahrheit, umgeben von einem weiten stürmischen Ozeane, dem eigentlichen Sitz des Scheins, wo manche Nebelbank und manches bald wegschmelzende Eis neue Länder lügt, und indem es den auf Entdeckungen herumschwärmenden Seefahrer unaufhörlich mit leeren Hoffnungen täuscht, ihn in Abenteuer verflechtet, von denen er niemals ablassen, und sie doch auch niemals zu Ende bringen kann.“

„Welch ein Fall von Paranoia!“, kommentiert F. Varela nicht ohne Spott.

„Entweder haben Sie eine Zeichnung dieses bezaubernden Landes der Wahrheit oder sind für immer in einer Nebelwand verloren. Das offensichtliche Gegenstück ist die Nebelbank der Illusion“ – wir verkürzen. – F. Varela sucht einen Mittelweg, der über „Entweder – Oder“ hinausgeht: „Die Zukunft der kognitiven Wissenschaften liegt nicht im Verstehen, wie wir eine Repräsentation der Welt entwickeln, die wir wahrnehmen, die wir für eine Art willkürlicher Kreation des Denkens halten.“

Stattdessen spricht Varela sich dafür aus, dass „Kognition eine Geschichte der Kopplung ist, die eine Welt hervorbringt.“ Es gibt keinen

Bezugspunkt für ein Fundament. Er sagt: „Der Mittelpunkt liegt in der Mitte eines Zirkels. Es gibt keine stabile Welt“. [87]

Salutogenese

Der Beginn des Salutogenese Konzeptes ist mit dem Namen A. Antonovsky (1923–1994) aus Brooklyn/ N.Y. verbunden. A. Antonovsky forschte und lehrte zunächst in den Staaten, ab 1960 in Jerusalem, seit 1972 an der Reformuniversität in Beersheba Israel. Er hatte sich zunächst mit Stress- und Konfliktforschung befasst, später mit Morbidität und Mortalität, mit Multiple Sklerose und KHK, mit der Verarbeitung der Menopause bei Frauen und den ethnischen Unterschieden bei Überlebenden des KZ.

Bei dieser letzten Gruppe stellte er zu seiner Überraschung fest, dass es darunter immer wieder „gut adaptierte Überlebende“ gab: „Durch irgendein Wunder hatten sie es geschafft, ihr Leben neu aufzubauen“ schrieb er 1992. Er spricht zunächst von „allgemeiner Widerstandsfähigkeit“, kommt dann aber zu der Feststellung, dass wir uns alle von Geburt an ‚in einem Fluss befinden‘ – wenn auch unterschiedlich nahe am Ertrinken. Er folgert daraus, dass es wenig sinnvoll sei, die Menschen aus dem Fluss zu fischen und auch nicht ausreichend, sie davor zu bewahren, in den Fluss zu fallen. Sinnvoller sei es, ihnen das Schwimmen beizubringen und die Bedingungen, unter denen man schwimmen lernen kann. Er erkennt das Kontinuum von Krankheit und Gesundheit, er spricht von einem Sense of Coherence (SOC) und von der salutogenetischen Wende.

B. Maoz definiert im Handbuch der Salutogenese (S. 15): „Gesundheit – lat. salus: gesund, in Ordnung, auch gerettet, sicher, erlöst. Im Hebräischen: Briut: So, wie Gott einen Menschen geschaffen hat, war nie ein zentraler Begriff in der Medizin“. Care, cure and heal sind die drei englischen Verben, deren Übersetzung Unterschiede sichtbar machen kann:

---

[87] Varela, F.: Erkenntnis und Leben In: Simon F. (Hrsg.): Lebende Systeme, Springer, New York, 1988

- ‚vorbeugen' für ‚care';
- ‚heilen' und ‚haltbar machen' für ‚cure' und
- ‚versöhnen' und ‚beilegen' für ‚heal'.

Der Arzt greift in den körperlichen Prozess ein. Das kann durchaus auch in die Richtung der Zerstörung eines Angreifers laufen, um die Not zu wenden (Antibiose, Chirurgie). Motorische, sinnliche oder sprachliche Vermittlung, Zuwendung, Dynamik. Tanz, Handauflegen, Besprechen können Teil der ärztlichen Behandlung und der Therapie sein.

Als ein Beispiel für eine ‚Position des Möglichen' nennt B. Maoz den Namen der Fakultät in Beersheba: Die Med. Fakultät der Ben Gurion Universität in Beer Sheva/Israel nannte sich: „Faculty of Health Sciences" mit einer „Medical School!". Auf diesen Titel habe Antonovsky bestanden. Er wollte Gesundheitslehre und Medizin zusammen bringen: Präventive wie kurative Medizin, eine auf die Gemeinde ausgerichtete Fürsorge, Lehre und Forschung: Nature and nuture!

Geht es bei der Pathogenese um die Frage: Was macht uns krank? so geht es bei der Salutogenese um die Frage: Was hält uns gesund?

Die Salutogenese ist keine Alternative zu den bisher bekannten psychotherapeutischen Konzepten, sondern eine andere Haltung, eine Ergänzung, eine Erweiterung, eine neue Perspektive, etwas, was in die bestehenden Konzepte eingebaut und integriert werden kann.

Die moderne Medizin ist eine krankheitsorientierte Heiltechnik. Das Konzept der Salutogenese beschreibt die Kräfte, die dem Individuum helfen, Gesundheit zu entwickeln, d. h. durch das Erkennen von Sinn – und Bedeutungszusammenhängen mit den Belastungen des Lebens erfolgreicher umzugehen. Antonovsky ging davon aus, dass die Medizin vor einem dreifachen Paradigmenwechsel steht (W. Schüffel et al. a. a. O. 1998):

Der erste Paradigmenwechsel betrifft die Epidemiologie: Die Lebensbedingungen und die dadurch hervorgerufenen Erkrankungsrisiken haben sich geändert, die Menschen werden älter, chronische Krankheiten nehmen zu, ebenso lassen uns „Sinnkrisen" des täglichen Lebens vermehrt nach ärztlicher Hilfe suchen. Die Grenzen zwischen gesund und krank beginnen sich zu verwischen: Die traditionelle Krankheitsverständnis kann dem tatsächlichen Behandlungsbedarf nicht mehr voll gerecht werden.

Der zweite Paradigmenwechsel besagt, dass Gesundheit als ein Prozess verstanden werden muss und dass sie kein bestehendes bzw. genormtes Produkt ist analog dem Produkt einer Maschine. Gesundheit ist das Ergebnis eines lebenslangen Prozesses der Auseinandersetzung zwischen salutogenen und pathogenen Kräften. Jeder Mensch verfügt über beides.

Zentral: Das Wissen über die einzelnen Krankheitsbilder muss ergänzt werden um das Wissen über die Anpassungsfähigkeit lebender Systeme.

Der dritte Paradigmenwechsel bezieht sich auf das, was in der Anthropologischen Medizin bereits formuliert wurde: Patient und Arzt sind Subjekte, die sich gegenseitig in ihrer Autonomie respektieren, um eine gemeinsame Strategie in der Behandlung zu finden. Dies lässt sich nur aus der Biographie des Patienten, (und der des Arztes, meine Ergänzung) ihren Erfahrungen und ihren sozialen Umfeld entwickeln. Sense of Coherence, kann dabei zum Orientierungspunkt für beide werden.

Im Salutogenese-Konzept werden epidemiologische und Methoden ergänzt durch Anamnese und klinische Untersuchung, durch Balintarbeit und Familienorientierung. Sie werden durch das Narrativ verknüpft und psychosomatisch und auch verhaltensmedizinisch nutzbar gemacht[88;89].

Die Philosophie von Weizsäckers, der Gestaltkreis und die Nähe zur Psychoanalyse wie auch der Systemtheorie schienen mir nicht weit davon entfernt. Durch das Erkennen dieser Verbindungen waren von Weizsäcker und P. Christian ihrer Zeit weit voraus. Unsere heutigen Überlegungen zu einer Medizin der Zukunft umfasst die Empathie-,

---

[88] B. Maoz: Balintgruppen in Israel, B.J. 2001 2:18-21

[89] Matalon A.,T. Nahmani, S. Rabin, B. Maoz, J. Hart: Ergebnisse einer integrierten biopsychosozialen Intervention bei Patienten mit hoher Inanspruchnahme ärztlicher Behandlung B J : 2001; 2: 41-45

Narrativ-, Prozess- Basierung und hat ihr natürliches Widerlager in der Evidenz - based Medicine, stellt also gewissermaßen den Rahmen einer konkreten Ganzheitsmedizin dar.[90]

Aus den Anfängen der Salutogenese bei den Wartburggesprächen

Die jährlichen Wartburggespräche wurden nach der Wiedervereinigung begründet (1992). Verantwortlich: Prof. W. Schüffel/Marburg sowie die Präsidenten der Ärztekammern Thüringen und Hessen. Die Themen wurden von einer Arbeitsgruppe vor Ort entwickelt. Funktionelle Entspannungstherapie (F. E.) und Balintarbeit wurden mit der Zeit zu tragenden Säulen dieser Tagungen. Ziel: Sich berühren und berühren lassen.[91], [92]

Man sagt, ich sei der erste gewesen, der sich im Rahmen der Wartburggespräche dem stellte, was Schüffel seit 2011 „Gesundheitsgespräche" nannte. War es 1993? Es war im blauen Saal des Ärztehauses in Bad Nauheim. In dem wunderschönen Saal mit den bequemen Sesseln saßen Hochschullehrer und ausgewiesene Experten, Allgemeinmediziner, Internisten, Psychoanalytiker, Niederländer, Israelis, Türken und Deutsche. Viele kannten sich und waren auch schon 1992 auf der Wartburg gewesen. Dort hatte man sich getroffen, um die Chancen des wiedervereinigten Deutschlands zu nutzen, und die unterschiedlichen Gesundheits- und Krankheitserfahrungen auszutauschen, nicht nur als Chance für Deutschland, (die wir stellenweise nicht immer gut genutzt haben) [93], sondern für Europa. Deswegen der Titel: Salutogenese – ein Grundrecht für Europa! An die Globalisierung dachten wir noch nicht.[94] 1993 konnte ich zum zweiten Treffen kommen. Und da passierte etwas, was ich bis heute nicht vergessen habe.

---

[90] Petzold, E. R., Petzold U. (2001): Konzepte der Anthropologischen Medizin. Zeitschrift Wiener Medizinische Wochenschrift, 15/16/17/2001, S. 357

[91] Petzold E. R.: „Geben Sie ihr doch die Hand" – Anmerkungen zur Balintarbeit und anthropologischen Medizin. In: Psychodynamische Psychotherapie 3,2010

[92] Petzold E. R.: Der Purzelbaum: Ein Bericht über die 22. Wartburggespräche B. J. 15 S. 91–93 2014

[93] Petzold E. R.: Kommentar in der Aachener Zeitung 2001 zu dem Abbau der ehemaligen Polikliniken in der DDR.

[94] Schüffel, W. & E. R. Petzold: Striving for Salutogenesis: „The History of Psychosomatics in Europe" and „Psychosomatics in Germany Today" In „Comparative Global Psychosomatic Medicine" von Holey Leigh/San Francisco/Springer New York, 2019

Das erste Patientengespräch in diesem Rahmen!

Der Moderator (Prof. Urs Schnyder/Zürich) hatte ein Rollenspiel vorgeschlagen. Wir Ärzte sollten uns einmal die Schuhe der Patienten anziehen. Dadurch sollten wir die Patient- Arzt Beziehung aus einer veränderten Perspektive kennen lernen und zwar in einer besonderen Situation, bei der Mitteilung einer Diagnose.

Die Diagnose war HIV positiv, also Aids. Der wirkliche Patient, ein kluger Mann und Rechtsanwalt sei mit seinem Arzt anwesend und sie ständen beide auch während des Rollenspiels zur Verfügung, falls der eine oder der andere Rollenspieler nicht mehr weiter wüsste und einen Rat haben wollte.

Jetzt wurden Rollenspieler gesucht für den Patienten, für den Arzt. Tiefes Schweigen, keiner wollte sich vor den Kolleginnen und Kollegen riskieren oder gar blamieren. Mir aber gefiel der Mann, dessen Krankheit wir nun ja schon kannten. Ich meldete mich also freiwillig mit einer Bemerkung zu dem wirklichen Patienten: „Von Ihnen kann ich noch etwas lernen!“ Ich bewunderte seinen Mut, den meinen keineswegs, solange ich alleine auf einen mitspielenden Arzt wartete. Und es dauerte wirklich noch einige endlos lange Minuten bis sich ein Kollege, der mich aus gemeinsamer Heidelberger Zeit kannte, bereitfand, den Arzt zu spielen.

Das Spiel konnte beginnen, die Zuschauer waren instruiert und achteten auf unsere Kommunikation, auf das Verbale, auf das Nicht Verbale. Welche Botschaften teilten wir einander mit? Was nicht? Ich machte keinen Hehl aus meiner Bestürzung, als der Arzt mir meine Diagnose mitteilte. Und ich macht es ihm nicht leicht mit meiner Bestürzung, mit meiner fast panischen Angst vor der Zukunft. All sein Bedauern erreichte mich nicht. In der Rolle des Patienten war ich allein und kämpfte um die Hilfe des Arztes, des mir gegenüber sitzenden Rollenspielers.

Das machte ihn hilflos, so dass ich noch den einen und anderen Holzklotz ins Feuer warf, ihn also in meine Hilflosigkeit hineinzuziehen versuchte, natürlich nicht direkt, sondern indem ich an ihn selbst und seine Kompetenz appellierte. Er könne mich so doch nicht alleine ... er können doch er müsse doch helfen können. Das Rollenspiel wurde unterbrochen. Wir wurden überschüttet von den Wahrnehmungen und den Beobachtungen der Experten, günstig für mich, ungünstig für meinen Kollegen, der den Arzt gespielt hatte.

Dann aber ging das Spiel weiter, allerdings mit umgekehrten Rollen. Jetzt war er der Patient und ich der Arzt. Sollte nun über therapeutische Möglichkeiten gesprochen werden? Das weiß ich nicht mehr so genau. Aber dies weiß ich noch sehr genau- den frontalen Angriff des Patienten. Das mit der Diagnose sei ja nun klar, klar aber sei auch, dass ich, der Arzt etwas gegen Homosexuelle habe. Was kann man gegen einen derartigen Angriff machen? Alle meine Tricks und Möglichkeiten, die ich im Laufe meines Lebens gelernt hatte, halfen mir nichts.

Und die Beobachter? Der Moderator? Sie stellten fest, dass keiner von uns das Hilfsangebot wahrgenommen hatte, den realen Patienten, den realen Arzt um Rat zu fragen, wenn wir nicht mehr weiter wussten. In Extremsituationen, diese war ja nur gespielt, Hilfe von anderen zu erfragen und zu erbitten, ja, auch das will gelernt sein.

Eine andere Beobachtung wurde mir zu einer wichtigen Metapher – der Raum und die Bewegung im Raum, das Auf und Ab. Der Blaue Saal in diesem Ärztehaus der hessischen Landesärztekammer war vor einem späteren Umbau rund und wie ein komplettes Amphitheater in übereinander liegenden konzentrischen Kreisen gut durchstrukturiert, man konnte von einer hierarchischen Anordnung sprechen.

Frage: Wie steuern Raum und Zeit unser Denken, Fühlen und Handeln?

Als ich mich meldete, saß ich ganz oben. Ich war ja als Hochschullehrer aus Aachen gekommen. Ich konnte wie alle anderen einen guten Ruf verlieren. Und wer den Schaden hat, braucht für den Spott nicht zu sorgen. Als ich die Stufen hinab ging, war das schon riskant und auch ein Abstieg. Man könnte provokativ sagen: Top down vor Bottom up. Die Medizin ist irgendwo zwischen Top down – also oft mehr von oben herab als von Bottom up, was von Grund auf bedeutet. Ärzte und Patienten, Patienten und Ärzte sie können voneinander lernen. Das aber ist auch die Grundbewegung der Wartburggespräche. Es entspricht dem Ideal der Gleichrangigkeit von Arzt und Patient im Umgang mit dem Befinden des jeweils einzelnen, nicht unbedingt mit dem jeweiligen Befund, der auf einer sorgfältigen Untersuchung beruht.

Eine andere Begegnung begann vor dem 18. Wartburggespräch 2010 am Frankfurter Hauptbahnhof. Während ich noch nach meinem Anschlusszug Ausschau halte, sehe ich einen älteren Herrn etwas mühsam auf seinen Stock gestützt in die Richtung gehend, die auch ich nehmen wollte. Den Herrn kennst du doch, aber er ist kleiner geworden und gebeugter als du ihn in Erinnerung hast. Willst du ihm folgen? Willst du dich jetzt schon auf ein Gespräch einlassen?

Aber: Wir hatten schon viele gute Gespräche gehabt. Das erste bald nach der Wende, 1991 bei der ersten DKPM Tagung in Dresden. Ich hatte gerade den Lehrstuhl in Aachen übernommen, er trug sich mit dem Gedanken einer Niederlassung in seiner Heimatstadt und war wie ich Internist – lange Zeit die Königsdisziplin der Medizin – zumindest die der konservativen Seite. Und er hatte Heidelberg Erfahrung. Seine Frau hatte an derselben Schwesternschule unterrichtet wie ich. Eines Tages hatte er mir von seiner Begegnung mit Michael Balint erzählt. Das mag Mitte der fünfziger Jahre gewesen sein und war in einer Zeit als sich viele Ärzte der damaligen DDR zu einer Umsiedlung entschlossen. Er selbst war ambivalent. Was sollte er tun? Balint antwortete auf diese Frage in seiner lakonischen Art: Wo werden Sie am meisten gebraucht?

Mein Gesprächspartner blieb seinem Heimatort, der ältesten preußischen Universität und seinen Patienten treu- bis auf den heutigen Tag, den Tag unseres Gesprächs. Er steht im 91. Lebensjahr und erzählt uns am Abend einen Teil seiner beruflichen Lebensgeschichte. Sie begann im Nationalsozialismus, die Geschichte seiner Familie aber in der Reformationszeit. Einer seiner Ahnen hatte einen Sohn Luthers zu erziehen. Der bräuchte regelmäßig – am besten jede Woche einen Schilling. Das war das Codewort für eine Tracht Prügel. (Wer erinnert sich nicht an Hans Luther und was dieser tat, wenn Martin eine Nuss geklaut haben sollte?): Mein Gesprächspartner hatte in Halle wie wir in Heidelberg eine psychosomatische Station aufgebaut. Er benannte sie nach Hufeland, wir nach V.v. Weizsäcker.

Mein Gesprächspartner, H. W. Crodel gehört wie ich zu den Mitbegründern der Wartburggespräche. Als einziger Kollege aus den Neuen Bundesländern hielt er über viele Jahre ein Setting durch, das seines gleichen in unseren Lande sucht. Allein schon der Beginn einer mehrtägigen ärztlichen Weiterbildungsveranstaltung am Sonntagnachmittag ist ziemlich ungewöhnlich, von den Veranstaltern bewusst gewählt. Es sollte anders sein, ein klein bisschen gegen den Strom des Üblichen. Dem Ungewöhnlichen, nicht nur dem Ungesagten diente ja auch das Leit-Thema dieser 18. Wartburg Gespräche: Ungesagtes Wahrnehmen.

Am Abend desselben Tages erzählte eine junge Kollegin, F. Heidler die Geschichte ihrer Schwangerschaft und die Geburt der kleinen Johanna. Das „erste Kind der Wartburggespräche“ wurde von den Teilnehmern gefeiert. Die Erinnerung weckt die Freude bei der Entdeckung der Schwangerschaft und der Geburt, die mit einer Sectio caesarea beendet werden musste. Sie weckt auch die erste Freude der Kleinen über den Weihnachtsbaum, der den Eltern zunächst gar nicht gefiel. „Ha“ rief Johanna aus, als sie den etwas mickrigen Baum sah. Für sie war er groß und schön. Diese Freude schenkte sie ihren Eltern.

Gesundheit als Grundrecht

Im globalen Dorf Erde[95]

Mein Dorf Erde
Auch ich bin in einem Dorf geboren
Und wanderte aus
In die große Stadt
In den großen Krieg.

Das Ende kam
wie es kommen musste
schlimm für die,
die das erlitten.

Ich erlitt ja nichts
war noch ein Kind
blind
sah ich mit großen Augen
die weite Welt.

Sie war schön.

Jetzt lebe ich wieder
in einem Dorf
und lerne schwäbisch.

---

[95] Erweiterung des Mottos der Wartburggespräche: „Salutogenese – ein Grundrecht für Europa"

Verstehen?
Ich weiß noch nicht.

Wohl aber dies:
Das globale Dorf
Hat viele Grenzen
Die kleinste meint mich.

Die kleinste meint dich?
Wie meinst Du das?
Ich meine das so:
Fukushima ist Marburg

Die Strahlen und Fluten im fernen Osten
Sind unsere Fluten und Strahlen
Die Gewalt im mittleren und nahen Osten
Ist unsere Gewalt.

Hier in dem Dorf kennt jeder jeden
Die Stärken, die Schwächen,
das ganze Vermögen. Mit Respekt begegnet man sich
mit Respekt ist das globale Dorf zu erden.

Kap. VI
Das Aachen–Jenaer Kunst- und Psychosomatik-Seminar

Bald nach der Maueröffnung (9.11.1989) hatte E. R. P. das Ehepaar Drs. Frank und Brigitte Bartuschka von der Friedrich Schiller Universität in Jena und einer psychosomatischen Klinik in Stadtroda kennen gelernt. Zur Eröffnung der Klinik für Psychosomatik und Psychotherapeutische Medizin im Klinikum der RWTH Aachen konnte er mit Hilfe dieses Ehepaares befreundete Künstler aus Jena und Dresden nämlich Einhard und Elke Hopfe, Frank Steenbeck und Axel Bertram einladen und ihre Bilder in unseren Räumen auszustellen. Das war im Frühjahr 1991. Schwarz-Weiß-Bilder im Gegensatz zum Grün des Klinikums waren das Highlight bei der Eröffnung dieser neuen Klinik. Die Kommentare der Patienten drängten Fragen auf wie die, welche Emotionen eine Maltherapie bei Patienten freisetzen kann. An der Finissage mit den Künstlern und unseren ersten Patienten wollten die Studenten teilnehmen. Aus dieser Finissage entwickelte sich das Aachen-Jenaer Kunst- und Psychosomatik-Seminar.[96] Halbjährlich trafen wir uns in Jena oder in Aachen, um drei Tage lang, die Möglichkeiten der Kunst für die Medizin zu erproben, aber auch die Möglichkeiten der Psychosomatik für die Kunst.

Dieses Seminar dauerte bis 2003. Der Kommentar unserer Patienten, die sich diese Bilder für ihre Zimmer ausgesucht hatten für die Zeit der Ausstellung war interessant und einfühlsam. Ein Patient sagte: „Was diese Menschen in der DDR durchgemacht haben, wenn man das bedenkt, versteht man vieles besser.“ Parallel zu dieser Ausstellung starteten wir mit einem ersten Workshop für unsere Mitarbeiter. Die Studenten wollten dabei sein und waren so begeistert, dass sie noch in demselben Jahr in ihren Semesterferien nach Jena fuhren, um vor Ort zu sehen, was hinter dieser Kunst lag. Sie lernten als junge Medizin Studierende ihre eigene Kreativität unter der Anleitung dieser Künstler zu erkunden und um sich selbst in einem unbekannten Ge-

[96] Bartuschka B. und F.; E.Hopfe und E.R. Petzold: Die Handlungsperspektive in den sogenannten nonverbalen Verfahren; In: Willenberg H. und S.O. Hoffmann (Hrsg.) Handeln – Ausdrucksform psychosomatischer Krankheit und Faktor der Therapie; VAS 1997

biet zu erproben. Etliche Objekte dieser Seminare, genauer „Erkundungsprozesse“ wurden in Aachen und Jena einer größeren Öffentlichkeit vorgestellt. Die Künstler hatten uns, vor allem auch den Studenten in Aachen viel zu sagen. Sie erweiterten das Verständnis für psychosomatische Medizin an einer technischen Hochschule. Einige Jahre später konnte Prof. Bernhard Strauß, Med. Psychologe der Uni Jena Teile des Projekts – das kreative Malen für die Studenten der Vorklinik übernehmen.

Fragen und Antworten aus den Seminaren: Lassen sich ärztliche Fähigkeiten wie Wachheit in der Begegnung mit dem Patienten und eine unvoreingenommene Wahrnehmung mittels kreativer Verfahren erkennen und einüben?

Ein wesentlicher Teil des ärztlichen Handelns ist die Diagnostik. Aus der Vielzahl von Daten und Befunden, aber auch aus der biographischen Anamnese werden Arbeits- und Beziehungsdiagnosen gestellt (so auch in der Balintarbeit). Das Seminar diente der Erweiterung des naturwissenschaftlichen und technischen Teils der Ausbildung, es diente der Vertiefung der sinnlichen Wahrnehmung und des Vertrauens in das, was wir mit Augen, Nasen, Ohren, Händen wahrnehmen und begreifen. Es dient als Grundlage für eine ganzheitliche Begegnung mit dem Patienten. Dem dienten auch die ersten sog. ‚Monte verità Gruppen‘, an denen Ärzte, Krankenschwestern, Studentinnen und Studenten sowie Patientinnen und Patienten aus Aachen und Jena teilnahmen. Bei einem anderen Treffen in Jena übernachteten wir im Thüringer Wald auf dem Boden liegend bei leichtem Nieselregen. Verrückt? In einem gewissen Sinne: Ja! Es ging um das unmittelbare Empfinden der Natur. Ein einmaliges unwiederbringliches Erleben.

Bei einem anderen Er-leben im Ludwigs Forum in Aachen saßen wir vor einem großen Bild von Keith Haring. Bei dieser Übung sollten wir spontan das notieren, was wir beim Betrachten des Bildes unmittelbar empfanden. Vorsichtig, zurückhaltend und abstrahierend waren die ersten Worte: Angst, Trotz, Nein, Nicht-wollen, Hilflosigkeit, Traurigkeit. Normal sein, egoistisch sein, ein letztes Sich-fest-halten, Lebenswille, Lebensfreude, Erleichterung, Angenommen-sein, Gefühl, Neugier, was ist machbar, Faszination, Hoffnung.

Im Kontrast dazu stand ein anderer Versuch des Beschreibens, was unmittelbar empfunden und wahrgenommen wurde:

Ekel[97]

Gelb wie Galle.	Blase, Wind, blase!
Schwarz in der Mitte	Mische sie auf!
das Loch.	Puste sie weg!
Schwefel und faule Eier,	Das Weh.
Du trinkst.	Puste es weg
Deine Augen tränen.	Heile, heile Segen,
Aus Deinem Bart wachsen Leiber.	drei Tage Regen,
Die Schleife führt Dich hinab	drei Tage Sonnenschein.
und hinauf.	Blase, Wind, blase!
Das Maul, die Zähne,	Friss Deine Phrase.
gespaltene Zunge.	Blase, Wind, blase!
Du machst mir Angst.	Die ekligen Gase.
Nein, nein, nein!	den Schleim aus der Nase.
Ich will das nicht	Gelb und Scham.

Weitere Geschichten kamen aus den jeweiligen Arbeitsbereichen, z.B. von Ulla Sch., die 10 Jahre lang auf der Neugeborenen-Intensiv-Station war oder von M. v. W., der sich als Psychosomatiker in seiner Dissertation mit den Patienten zusammengesetzt hat, die einen Defibrillator haben.

Bei einem anderen Workshop ‚Zwischenräume und Sterbebegleitung' zeigte sich ähnlich wie dem Begleiter des o.g. Schulmeister Wutz. In der Sterbebegleitung sind standardisierte Vorgehensweisen durch eine sensible Begleitung zu ergänzen. Nach einer musikalischen Ein-

[97] Das Lesen der Reihenfolge der Zeilen in vertikaler oder horizontaler Richtung überlasse ich dem Leser E. R. P.

stimmung gestalteten die studentischen Teilnehmer und einige Mitarbeiter unter Anleitung von Einhard Hopfe, 15 Objekte aus Draht, Pappe und Farbe. Dabei setzten sich alle Teilnehmer heftig nicht nur mit dem Material, sondern auch mit sich selbst auseinander. Zwischen den Arbeitsphasen und am Ende in einem Plenum wurde die Entstehung und der Verlauf der „Werke" und die bei ihrer Erstellung gemachten Beobachtungen und Erlebnisse reflektiert.

Reflektiert wurde über objektive Zusammenhänge im künstlerischen Ausdruck, Wirkung von Farbe und Form im jeweils selbst gestalteten Zwischenraum/bewusster Umgang mit eigenen Gefühlen wie Angst, Unsicherheit und Aggression/Bewusstwerden vorbewusster psychischer Prozesse/Wahrnehmung der subjektiven Seite des Handelns und der eigenen Betroffenheit/Kennenlernen non-verbaler Verfahren und ihr Einsatz in der Therapie/Zusammenarbeit mit Angehörigen verschiedener Berufsgruppen und Klärung der eigenen Voreingenommenheit.

Rückblick einer Studentin auf das Seminar (2003): „Spontan habe ich mich für die Gruppe Body-Percussion entschieden. Unter Saskias J.-Leitung vier Frauen und vier Männer/Wir tragen Namensschilder und stellen uns kurz vor. Wir nennen unsere Erwartungen und werfen jemand anderes in der Großgruppe ein Knäuel zu/Was erwarte ich, was befürchte ich?/Spontan bildet sich so ein Netz und erste Beziehungen/Wir beginnen mit den Füßen: Welche Geräusche entstehen, wenn ich stampfe oder nur reibe, schlurfe oder sie aneinander klopfe?/Das Klatschen wie später mit den Händen und auch das Schnalzen geht erst mit den Fingern/Dann kommen Unter- und Oberschenkel an die Reihe: Was ist wie angenehm? Streicheln, Reiben, Jucken und Klatschen, Klopfen – der Ton macht die Musik, aber auch die Dosierung. Fester ist nicht unbedingt angenehmer/Die Finger, die Hände, die Arme, Hals und Kopf erweitern unsere Möglichkeiten. Es wird näher, vertrauter besonders durch die Fähigkeiten der einzelnen auch das unterschiedliche Pfeifen und Schnalzen einzusetzen. Dann das Klopfen auf das Gesäß – unterschiedlich bei An- und Entspannung. Bauch, Nierenlager und Brust bilden den Abschluss. Zum Schluss geben wir eine Kostprobe für alle anderen. Das Echo war gut. Die anderen zeigen in dichter pantomimischer Darstellung ihrer Befindlichkeit zu Beginn und am Ende des ersten Tages. Vorteil des Ansehens: Wie entwickelt sich eine Gruppe aus einer undifferenzierten Masse? Bei der Musikgruppe kann man diesen Prozess besonders gut studieren. Die Entwicklung der Methode, der Wiederentdeckung des Körpers als Geräuschinstruments wie das Thema in einem Musikstück, mit Melodie, Zusammen- und Gegeneinander Spielens, Abgrenzung gegen andere, Austausch ..."

Im Begleitprogramm nahmen die Teilnehmer an Vorträgen und Diskussionen zu dem Thema Sterbebegleitung teil. Das sahen wir als eine Ergänzung der ärztlichen Ausbildung und der o. g. genannten Doktorarbeit: Sensibilisierung, Selbsterfahrung und Beziehungswahrnehmung im und durch das bildnerische Gestalten, aber auch durch Literatur.

„Literatur öffnet den Blick für eine Wirklichkeit, deren „immanente Transzendenz" den einzelnen Menschen mit seiner Endlichkeit, mit seiner Krankheit, mit seinem Tod zu versöhnen vermag". So der Medizinhistoriker Dietrich von Engelhard.[98]

Als Dietrich von Engelhards fünfbändige Werk ‚Medizin in der Literatur der Neuzeit' Mattes Verlag 2017 komplett war, kam ich nach langer Zeit erstmals wieder in die Tübinger Universitätsbibliothek. Die Veränderungen gegenüber meiner Studenten Zeit waren immens. Zwei großzügige Bauten, die mit einer Brücke miteinander verbunden waren. Viele Studentinnen und Studenten saßen in der Eingangshalle an einem PC oder an Laptops, arbeiteten, diskutierten oder tranken ihren Kaffee. Analoges traf auf Digitales. Meinen analogen Suchprozess erleichterten freundliche Damen: „Gehen Sie durch die Drehtür und über die Brücke in das zweite Haus. Steigen Sie noch einen Stock höher. Das gesuchte Werk finden Sie unter der Nr. 59 A 1043." Innert kürzester Zeit stand ich nun tatsächlich vor dem Werk: Fest in feinen hellgrauen Leinen gebunden, standen sie da. Haptische Freude, als ich sie in meine Hand nehmen und umblättern konnte.[99]

Unabhängig von uns erschien ein Beitrag zu diesem Thema „Ausbildung" im Deutschen Ärzteblatt.

---

[98] Dietrich von Engelhard: „Sinn und Bedeutung von Epilepsiemotiva- tionen in der Literatur" epilepsieblätter, Bethel Verlag, Bielefeld 1996
[99] Dietrich von Engelhard: ‚Medizin in der Literatur der Neuzeit' Mattes Verlag, Heidelberg 2017

Ein verbindliches Ausbildungsziel ist das Instrument, mit dem man das bisherige ausschließlich fachorientierte Medizinstudium ebenso verändern kann, wie das tastende, oft vergebliche Suchen jedes Studenten nach „dem Wichtigsten", für dessen Auswahl der lehrende Fachmann zu viel weiß, um sich intuitiv auf das für jeden künftigen Arzt Notwendige und Verbindliche beschränken zu können. Begründet wurde diese Zielvorgabe wie folgt: Da weder das in der neuen AO geforderte „Grundlagenwissen" noch der „Praxisbezug" per se prüfbar sind, müssen die eher vagen Zielvorstellungen der AO in einem verbindlichen Ausbildungsziel und in den davon abgeleiteten Lernzielen konkretisiert werden. [100]

---

[100] Ausbildungsziel „ Arzt" 15 Thesen und Lernziele Unter diesem Titel, von mir verkürzt, schreibt J. Dahmer Hannover über das Medizinstudium im DÄB, ,101,H. 28-29, 12.7.2004

Kap. VII
Vom Gestaltkreis über die Bipersonalität zum Methodenkreis

Stufen der Entwicklung unserer theoretischen Ansätze

Jeder der in dem Untertitel dieser Überschrift genannten Begriffe steht für eine Theorie, für Methoden oder für ein Modell. Theorien sollen uns etwas erklären, sie sind oft an Personen gebundene, um nicht zu sagen: „Von ihnen erfundene", „erklärungskräftige Anschauungen". Methoden sagen etwas aus über die Angemessenheit oder Gültigkeit von dem, was wir sagen oder behaupten und über unser Vorgehen, dies zu messen, zu validieren. Modelle sind Bilder. Sie können zu Konstrukten von unseren Hypothesen über bestimmte Sachverhalte, Prozesse oder Beziehungen führen. „Wer im Kontext komplexer Systeme handeln will, braucht Theorien. Das bedeutet nicht, dass man Theorien in Praxis umsetzen kann, aber aus ihnen können Handlungsanweisungen für die Praxis abgeleitet werden." [101]

Auf einer horizontalen Ebene ist diese medizinhistorische Skizze Prozess basiert. Sie ist auf einen Zeitabschnitt von hundert Jahren angelegt und einem Staffellauf vergleichbar, bei dem die Protagonisten Theorien, Methoden und Modelle einer Medizinischen Anthropologie weiterreichen - und zwar in vollem Lauf oder besser: während der praktischen Arbeit in Klinik oder Praxis; im vertikalen Aufriss mag die Darstellung auch an die Mehrgenerationenperspektive erinnern, an das Goethe Wort: Was Du ererbt von Deinen Vätern, erwirb es, um es zu besitzen. Ich lade Sie ein, mit mir diese Stufen zu rekapitulieren. Stufen vom Gestaltkreis über die Bipersonalität und den Methodenkreis zur Synergetik.

Der Nobelpreisträger von 1922 Niels Bohr (1885 -1962) sprach seinerzeit bei der Einführung der Quantenphysik von den 'Tat-Sachen', die es neu zu bewerten gelte, nicht (allein) 'Sachen'. Später sprach er von dem Komplementaritätsprinzip, das Teilchen und Welle in einer ‚coincidentia oppositorum' (N. v. Kues, 1401–1464) vereinigt. War das Verhältnis von Teilchen und Welle damals noch unklar, so ist es

---

[101] Ritschl, D.: Zur Theorie und Ethik der Medizin, Philosophische und theologische Anmerkungen, Neunkirchener Verlag 2004

inzwischen geklärt:[102] Teilchen werden zu Wellen, Wellen zu Teilchen. Es kommt auf den jeweiligen Zustand an, in dem sie sich befinden, auf den Beobachter und seine Methoden der Beobachtungen bzw. des Erhebens von Befunden. Der Begriff Komplementaritätsprinzip wurde in der Quantenphysik verwandt, um das gegenseitig sich Ausschließende von bestimmten mikrophysikalischen Ereignissen und Messprozessen auszudrücken. Zeitgleich zu der Entwicklung des Komplementaritätsprinzips entdeckten in Heidelberg ein Patient und ein Arzt das Simultanitätsprinzip. [103]

Der Patient litt an einer Miktions- und Erektionsstörung und sprach von einem „Simultangeschehen". Der Arzt, der sich ohne eine spezielle psychotherapeutische Ausbildung (oder Balintgruppenerfahrung) sicher noch ziemlich dilettantisch in der psychoanalytischen Behandlung versuchte, sah und hörte genau hin, und erinnerte sich dabei auch an den großen engl. Neurologen Sherrington (1906): 'Die Begegnung der erregenden und der hemmenden Komponenten (z. B. einer Bewegung) hat einen Begegnungsort, die 'gemeinsamen Endstrecke'. Dort Miktions- und Erektionsstörung, hier die Sexualität, das Begehren, die Hemmung und die Unterdrückung.

Mit 'gemeinsamer Endstrecke' will V. v. Weizsäcker deutlich machen, wie er die Neurose versteht, den Zusammenhang zwischen somatischen und psychischen Symptomen, der akuten Situation im Hier und Jetzt und den chronifizierten Zustand in einer Lebensgeschichte, der Biographie des Patienten, dem Dort und Damals. Nur zu bewusst ist ihm die Bedeutung der Geschichte für Sinnsuche und - findung. Später publizierte V. v. Weizsäcker den Briefwechsel mit Freud, der der Publikation von ‚Körpergeschehen und Neurose' vorausging. Freud schrieb ihm u. a.:

„... Aber gerade solche Kranke zeichnen sich häufig durch ihre Fähigkeit zur psychischen Selbstwahrnehmung und zum Ausdruck in der ‚Organsprache' aus, sind also besonders lehrreich. Die gemeinsame

---

[102] Picht ,A.: Über die Bedeutung einiger Aspekte der Angsttheorie - Sören Kierkegaards im Hinblick auf ein anthropologisch zu fundierendes Menschenbild für die Psychosomatische Medizin. Diss. Aachen (2003)
[103] Weizsäcker, v. V.: Körpergeschehen und Neurose In: Ges.W. Suhrkamp, Bd 6, 1986

Aufklärung der Funktionsstörung, hier der Miktion durch die den Harnorganen auferlegte Erotisierung, deckt sich vollkommen mit der analytischen Theorie, die ich einmal in der banalen Gleichstellung zu erläutern versucht habe, es sei so als ob der Herr des Hauses ein Liebesverhältnis mit der Köchin angesponnen habe, gewiss nicht zum Vorteil der Küche. Sie zeigen dann den feineren Mechanismus der Störung auf, indem Sie auf entgegengesetzte Innervationen hinweisen, die einander aufheben und beirren müssen ..." (Freud, S., 1932)[104]

V. v. Weizsäcker gebraucht den Ausdruck des Simultangeschehens in „Körpergeschehen und Neurose" eher am Rande. Andernorts schreibt er von einem fast simultanen Ineinander der Bewegung und der Wahrnehmung z. B. der Hand und ihrer Tätigkeiten, dem Erspüren, das ‚Feingefühl' in den Fingern derer, die am Spinnrad einen Faden spinnen, das Ertasten und Begreifen der Wirklichkeit.

„Wenn ich ein Ding dort sehe und dann greife, dann ist die Wahrnehmung, so scheint es, Ursache der Bewegung dorthin. Wenn ich aber ein Ding abtaste, so entscheidet zuerst meine Bewegung darüber, welche Widerstandsreize des Dinges und damit welche Wahrnehmungen mich treffen.

Vom Erfahrungshaushalt lässt sich überhaupt nicht zwingend beweisen, dass das „eine Bewegung Machen" des nervösen Organs und das „eine Bewegung Wahrnehmen" der Psyche unmittelbar verknüpft sind ... Richtig ist, dass Wahrnehmung und Bewegung einem biologischen Akt angehören, dass sie aber nicht als Teile, die nebeneinander liegen oder wie Ursache und Wirkung einander folgen, betrachtet werden dürfen, sondern dass es offenbar von der Betrachtungsweise und Haltung des Untersuchers herkommt und nicht vom Vorgange selbst, ob die Wahrnehmungsseite und die Bewegungsseite betrachtet wird. Bei der Krankheit gibt es keine Möglichkeit zu beobachten, ob die psychische oder die physische Erscheinung die >Ursache, also auch der frühere Vorgang gewesen sei; sie wirken simultan."[105]

---

[104] Freud S. Brief an Weizsäcker v. V. am 16.10.1932: In Weizsäcker, v. V: Körpergeschehen und Neurose In: Ges. W. Suhrkamp Bd. 6 1986

[105] V. v.Weizsäcker in Anonyma, zuerst 1944 und später bei Suhrkamp Bd. 7 S. 58, 1987

Und kurz danach: „Man kann auch sagen, dass die wechselseitige Erläuterung von Leib und Seele eine gegenseitige Kritik enthält: Das eine wird im Hinblick auf das andere als etwas Neues enthüllt, offenbart. Man sieht: Jetzt ist es nicht oder nicht nur das, was es schien. Die psychologische Betrachtung also kritisiert die materielle, die materielle aber auch die nur psychologische. In dem wir uns fortwährend von der einen Seite auf die andere hin bewegen, folgen wir dem Weg des Gestaltkreises ..."

In der Distanz und dem Rückblick auf sein Werk mag für V. v. Weizsäcker, aber auch die Endstrecke eine Metapher für Leben und Sterben sein. Den Tod sieht er als konstitutives Element des Lebens. Er schreibt: „Der eigene Tod konstituiert den Sinn des eigenen Lebens." Der Tod stellt einen sinnvollen Widerspruch für das Leben als solches dar; er ist ein Teil des Lebens selbst, ohne den Leben nicht Leben wäre. Dass das Leben als „Leben zum Tode" bestimmt wird, heißt nicht, es handele sich dabei um eine beliebige Eigenschaft. Erst als „Leben zum Tode" ist Leben überhaupt erst Leben. Auch in den verschiedenen Vorworten zu dem Gestaltkreis verdeutlicht er dies: „Das Leben selbst stirbt nicht; nur die einzelnen Lebewesen sterben. Geburt und Tod verhalten sich wie Rückseite und Vorderseite des Lebens, nicht wie logisch einander ausschließende Gegensätze. Leben ist: Geburt und Tod. Das ist eigentlich unser Thema." (V.v. W. Gestaltkreis. 1947). „Die Einführung des Subjektes (in die Medizin) zieht diese Einführung des Todes nach sich"[106]

Vom Ende her denkt von Weizsäcker über den Sinn ärztlichen Handelns nach und findet Formulierungen, die auch heute noch als Leitlinien in Gesprächen mit Sterbenden fungieren können. Also Begegnung, Erregung, Hemmung, also Endstrecke.

Noch einmal zur Bipersonalität

V. v. Weizsäcker steht für die ‚Einführung des Subjekts in die Medizin', sein Lehrer Ludolf Krehl für das ‚Implizite Axiom der Anthropologischen Medizin Heidelberger Provenienz', „Wir behandeln keine Krankheiten, sondern kranke Menschen". Sein Schüler, Mitarbeiter und

[106] V. v. Weizsäcker: Der Gestaltkreis Ges. Schriften Bd. 4; Suhrkamp, 1997

Nachfolger Paul Christian und die Psychoanalytikerin Renate Haas stehen für die Bipersonalität, eine frühe Formel der Arzt-Patient-Beziehung und auch des ‚kleinsten medizinethischen Nenners'. In der Anthropologischen Medizin heißt die Antwort auf die o. g. Frage: Was ist eine Patient? Was ist ein Arzt? „Ein Mensch in Not, ein Mensch der hilft." (V. v. Weizsäcker a. a. O.)

P. Christian[107] sprach vom ‚ärztlichen Personalismus'. Seine Arbeit über den ‚ärztlichen Personalismus' wurde Mitte der fünfziger Jahre des letzten Jahrhunderts von der Medizinische Fakultät in Heidelberg mit einem Preis ausgezeichnet. Aus der ihr zugrunde liegende Arbeit über die Bipersonalität, eine arbeitsphysiologische Arbeit – heute könnte man auch sagen ‚synergetische Grundlagenforschung' – sei hier der entscheidende Punkt festgehalten:

„Es gibt Wirklichkeiten, die nur im Verhältnis zweier Personen Inhalt haben. Dazu gehören Sexualität, Liebe, Freundschaft, Partnerschaft im Verband einer Arbeit, gemeinsames Spiel, Sport, ferner Sprache, Brauch, Sitte und Moral. All das wird nur im zwischenmenschlichen Bereich konkret".

Der empirische Teil der Christian, Haas'schen Untersuchung zur Bipersonalität ist reine Arbeitsphysiologie. Der Baumsägeversuch, dem ein oberbayrischer Hochzeitsbrauch zugrunde liegt, wird eingesetzt, um zu erkunden, was bei der Zusammenarbeit von zwei Akteuren entsteht? Verdoppelt sich die Leistung, halbiert sie sich? Wie lässt sich der Reibungsverlust messen? Für ihre Ausgangsüberlegung nahmen sie eine Anregung von Dilthey auf.

Dilthey (1833–1911), der Begründer der Erkenntnistheorie der Geisteswissenschaften und einer der Hauptvertreter der hermeneutischen Wissenschaften hatte versucht, eine „Erfahrungswissenschaft der geistigen Erscheinungen" aufzubauen und methodisch zu sichern. „Die Natur erklären wir, das Seelenleben verstehen wir." In diesem Satz verdichtete Dilthey 1894 das Programm, das für die Entwicklung an deutschen Universitäten in der ersten Hälfte des vorigen Jahrhunderts bestimmend war, dann aber durch die nationalsozialistischen

[107] Christian P: Das Personenverständnis im modernen medizinischen Denken Tübingen: Mohr-Siebeck,1952

Machtergreifung 1933 und der darauffolgenden Emigration der Intelligenz zerbrach (zit. sinngemäß nach einem TV-Interview mit Michel Friedmann in 3 SAT, 2004).

Erinnern wir uns des ursprünglichen Dilthey'schen Programms: Der Geisteswissenschaftler muss seinen Gegenstandsbereich, dessen Teil er selbst ist, die symbolischen Zusammenhänge der gesellschaftlichen und geschichtlichen Wirklichkeit des Menschen durch Nachvollziehen dieser Lebensäußerungen verstehen; in der Rekonstruktion ihrer Entstehung erlangt der Mensch ein Verständnis seiner eigenen Geschichtlichkeit, das ihm den Bezugsrahmen für eine systematische Interpretation seiner Erfahrungen in der Gegenwart liefern soll.[108]

Viele sehen hier starke Wurzeln des in den letzten Jahren von vielen in der psychosomatischen Medizin favorisierten Narrativ.[109]. Schlussendlich war es Dilthey, der für die Geisteswissenschaften einen gleichen Rang wie für die Naturwissenschaften gefordert hat. Das mag u. a. den guten Grund gehabt haben, den er in der Gedächtnisrede auf einen Freund wie folgt formulierte: „... in derselben Zeit, in welcher der naturwissenschaftliche und industrielle Geist die Erdkugel umspannt ... beginnen die dunklen Kräfte der Menschennatur die europäische Gesellschaft zu schrecken." (1886)[110] Dieser Satz mag auch wie eine Vorahnung auf die Schrecken des 20. Jahrhunderts verstanden worden sein.

„Das Verstehen anderer Menschen erwächst zuerst in den Interessen des praktischen Lebens. Hier sind die Menschen aufeinander angewiesen, sie müssen sich verständlich machen um dessen willen, was sie gemeinsam treiben. Einfache Hantierungen mit Werkzeugen: z. B. das Sägen von Holz werden verständlich, sofern ihr Zweck verstanden wird".[111]

Christian u. Haas haben diesem Vorgang des Sägens einer physiologischen Analyse unterworfen, um Einblick in den Ablauf der beiderseitigen Motorik, in die Wahrnehmungen und die gemeinsame erzielte

[108] Dithey, W. in Meyers Große Universal Lexikon Bd. 3 S. 626, 1981
[109] Schüffel, Wolfram et al.: Handbuch der Salutogenese, Ullstein 1998
[110] Dilthey, Wilhelm (1833–1911) Mehr dazu in Wikipedia 12.5.2020
[111] Dilthey, W. zitiert nach Christian und Haas a. a. O. 1949

Leistung zu bekommen. Das Modell war aber auch exemplarisch für die allgemeine Struktur der handwerklichen Zusammenarbeit, das gemeinsame Ziehen oder Schieben, Tragen einer Last ...

Sie sahen allerdings auch keine prinzipiellen Unterschiede zu einem Duett oder Walzertanz, einem paarweise geordneten Spiel. Gemeint ist grundsätzlich ein solidarisches, sinnvolles und ernsthaftes Tun, d.h. es gehört zum „Werk", dass nicht zwei miteinander etwas belangloses so obenhin „treiben", sondern dass sie sich intensiv und ernsthaft für ein sinnvolles Anliegen einsetzen. (Christian Haas a. a. O. S. 9). Wird diese Forderung nicht eingehalten, so verflacht die Arbeitsgemeinschaft, die Partnerschaft zerfällt und es entstehen charakteristische Scheinbegegnungen, Kümmer - und Verfallsformen ...

Den zwischenmenschlichen Umgang sehen Christian und Haas nicht als Ergebnis der am Einzelsubjekt verankerten Bewusstseinsfunktionen, Willensprozesse, Sinnesempfindungen, Einfühlungsakte usw. sondern umgekehrt:

„Der Einzelne begreift sich, will sich, erkennt sich im Umgang mit dem anderen."[112]

Das nutzte auch Peter Hahn, als er als Internist und Psychoanalytiker in der Ludolf-Krehl Klinik Heidelberg Nachfolger auf dem Lehrstuhl von P. Christian und V. v. Weizsäcker wurde. Er richtete zunächst für seine Mitarbeiter und bald auch für die Studenten kleinere Arbeitsgruppen ein, in denen nach den Grundzügen seiner anthropologischen „Ärztlichen Propädeutik" (wie sie seit dem 19.Jahrhundert nicht mehr in einer größeren Übersicht dargestellt worden ist) gearbeitet wurde. Aus diesen – und später noch weiter erkenntnistheoretisch begründeten – Ansätzen entwickelte er eine differenzierte ärztliche Methodenlehre, deren Schwerpunkte und gegenseitige Bezogenheit im sog. „Methodenkreis" zusammengefasst werden konnten.[113]

---

[112] Christian P. und R. Haas a. a. O. S. 12

[113] Hahn P. : Ärztliche Propädeutik – Gespräch, Anamnese, Interview. Springer 1988

Methodenkreis

Die Summierung der Methoden, die wir in der medizinischen Wissenschaft gebrauchen (von der Physiologie und medizinischer Soziologie bis hin zur Salutogenese) findet sich also in diesem Methodenkreis. Es geht immer zunächst um die Einführung in die Erkenntnis des „Gegenstandes“ und danach um die Suche nach der „möglichst adäquaten Methode“, bzw. der Disziplin, in der sie angewendet wird. Dieses Vorgehen hatte es in der Medizin, die eine vor-psychosomatische war, lange nicht mehr gegeben.

Seitdem das Philosophikum von dem Physikum für die Ausbildung von Ärzten abgelöst wurde, d.h. in Deutschland in der zweiten Hälfte des 19. Jahrhunderts begann es still um die Reflexion der Methoden zu werden, mit denen wir unsere medizinisch anthropologische Wissenschaft betreiben. Man kann auch von dem humanistischen Ansatz sprechen[114] , der den medizinethischen Fragen um Autonomie, Aufklärung und Gerechtigkeit, denen der Ausbeutung und Kapitalmaximierung vorzieht.

Es geht aber nicht nur um die Genauigkeit, die für die klinische Arbeit nötig ist, sondern auch um die Einstellung, mit der Ärzte ihre Arbeit betreiben. Welche Motive bewegen sie? Hahn stellte fest, dass der Arztberuf ein reaktiver und ein paradoxer Beruf ist. Reaktiv, weil er auf den Patient reagiert, der zu dem Arzt geht und um Hilfe bittet, nicht umgekehrt. Paradox, weil seine Arbeit darauf zielen muss, sich überflüssig zu machen – ein Merkmal, das der Arztberuf mit anderen sog. „ethischen Berufen“ teilt. Man erinnere sich an den Richter, der seinen Beruf zur vollen Blüte gebracht hat, wenn kein Recht mehr gesprochen werden muss, weil es anerkanntes Allgemeingut geworden ist oder auch an den Lehrer, dessen ganzer Stolz der Schüler ist, der ihn nicht mehr braucht, weil er alles gelernt hat, was der Lehrer zu lehren wusste und er dieses Wissen nun seinerseits selbständig zu mehren versteht.

Der Begriff „paradox“ – griechisch „gegen die Meinung“, ist natürlich provokativ. Hahn selbst fragt, ob nicht vielleicht H. G. Gadamer (1982)

[114] Maoz B., The search for a more humanistic medicine, Flyer für eine Arbeitstagung zusammen der Israelischen Balintgesellschaft mit der V. v. W.-Gesellschaft in Beersheba 2002

zutreffender das Ziel des Arztberufes formulierte: „Die ärztliche Kunst vollendet sich in der Zurücknahme ihrer selbst und in der Freigabe des anderen."

Nur ist das ein Ziel und nicht die Tätigkeit selbst, die Vollendung, aber nicht die Behandlung, die ja mit der Bewegung des Patienten beginnt, mit der Zuwendung des Arztes, des Pflegers, der Schwester beantwortet wird und zunächst zu einer Bindung, einer Verpflichtung führt. „Ich verpflichte mich, dir mit allen mir zur Verfügung stehenden Mitteln zu helfen". Wir erinnern uns an den Eid des Hippokrates.

Implizit besteht zwischen der Behandlung und dem Ziel aber auch ein Konflikt, vielleicht sogar ein Grundkonflikt des Arztes und seines Arztseins. Der Arzt hat ja seinen Beruf erlernt, um professionell seinen Lebensunterhalt (Geld) zu verdienen. Auch das gehört zum Arzt Sein und ist eigentlich trivial, aber dieser kaufmännische Grundgedanke kann und darf nicht der entscheidende dieses Berufes sein.

Um diesen Grundkonflikt aufzulösen, gibt es mehrere Möglichkeiten, in denen man die Grundelemente der Salutogenese wieder erkennen kann, nämlich den Kohärenzsinn = Sense of Coherence; die „Verstehbarkeit = comprehensibility; die Handhabarkeit = manageability und die Bedeutsamkeit = meaningfulness der eigenen Erfahrung, des eigenen Lebensentwurfes.

Hahn sieht neben „naiven" Lösungen reflektierte, künstlerische, wissenschaftliche. Die „naiven" Lösungen gehen – vereinfacht gesagt – davon aus, dass es immer Krankheiten geben wird, die behandelt werden müssen. Wer eine Neigung zu dieser Tätigkeit verspürt, wird Arzt und verdient sein Geld. Das wurde Manageability genannt und meinte nichts anderes als: Die Aufgabe ist machbar. Bei reflektierten Lösungsversuchen (comprehensibility) geht es um mehr als nur um Sach- und Problemorientierung. Es geht auch um psychologische und künstlerische Selbsterfahrung. Es geht um die Auseinandersetzung mit einer widerstrebenden Materie, einem widerspenstigen Material. Bei Meaningfulness geht es um Spurensuche, Sinn und Bedeutung. Die Bedeutung wird erteilt.

Was uns immer wieder seit der Antike bei den künstlerischen Lösungsversuchen fasziniert z. B. in der Architektur, in der Bildhauerkunst eines Phidias, in den großen Tragödien von Sophokles oder Euripides, sind die einfachen, klaren Lösungen menschlicher Konflikte, was überzeugt sind Übereinstimmungen mit sich selbst, der Einklang mit anderen, die Harmonie, aber auch die Anerkenntnis der Dissonanz, der Nichtübereinstimmung - auch in den komplexen Lösungsversuchen. Für die hier interessierenden wissenschaftlichen Lösungsversuche erinnert Hahn an die Grunddimensionen des Wissenschaftsbegriffes, nämlich die Unterscheidung zwischen Gegenstand, Methode und Ergebnis sowie die Abgrenzung von Wissenschaftlichkeit als psychologischem Einstellungsmerkmal.

ad 1: Gegenstände der Medizin

Gegenstände der Medizin sind a) die Erkennung, Beurteilung und Behandlung kranker Menschen b) die Vorbeugung und Verhütung von Störungen und Krankheiten.

Hahn schreibt: „Medizin ist der wissenschaftliche Anteil der Gesamtheilkunde; die Wissenschaft ist nach den Anwendern und ihren Methoden beschreibbar. Ihre Wissenschaftlichkeit lässt sich durch Einstellungsmerkmale erfassen. Als wissenschaftlich lässt sich nur eine dem Menschen mögliche Denk- und Handlungsweise bezeichnen, die in der prinzipiellen Bereitschaft zur Offenheit und Fähigkeit zur Kritik, zur permanenten gefühlsmäßigen und rationalen Überprüfung, Korrektur und Veränderung des Erkannten besteht und die auch die Festlegung auf das ‚Erkannte und Bewiesene' nur im Sinne einer bestimmten Form der Vorläufigkeit akzeptiert."

Für die weitere differenziertere Unterscheidung der wissenschaftlichen Einstellung gegenüber unwissenschaftlichen Denk- und Handlungsweise, vorwissenschaftlichen, antiwissenschaftlichen und transwissenschaftlichen verweisen wir auf die Originalarbeiten Hahns. (1988 u. 1998). Die klassische „Heilkunst" kommt der wissenschaftlichen Einstellung am nächsten.

Im Unterschied zu vor-, un- und antiwissenschaftliche Einstellungen ist die Toleranz gegenüber anderen Haltungen als eine der wesentlichen Voraussetzung einer wissenschaftliche Einstellung des Arztes anzusehen. Das betrifft Patho- und Salutogenese gleichermaßen. Wiederholt skizzierte Hahn, wie die Methoden, die dem Tun zugrunde liegen, zu reflektieren sind. Ausgangspunkte/Situationen können Klinik und Praxis (die Arzt-Patient-Situation) sein, aber auch eine gute Theorie,[115], [116]

ad 2: Methoden

Die folgenden großen, methodologischen Bereiche sind für Hahn dann bei der Reflektion des ärztlichen Tuns von Bedeutung:

1. phänomenologische
2. hermeneutische
3. empirisch-analytische
4. dialektische Methode
   - immer in Verbindung mit einer spezifischen
   - „Ärztlichen Situation"

Mit der Wiederholung von „Situation" sei deutlich gemacht, das ärztliches Handeln immer situationsgebunden und situationsabhängig ist - auch das Reflektieren ist ja ein ärztliches Handeln - Freud sprach von dem Denken als ein „ Probe-Handeln". Das phänomenologische Vorgehen ist für den Arzt am einfachsten nachvollziehbar, auch wenn sie nur Möglichkeiten aufzeigen kann. So schreibt L. Wittgenstein in seinem Spätwerk, in den „Philosophischen Bemerkungen": „Die Physik unterscheidet sich von der Phänomenologie dadurch, dass sie Gesetze feststellen will. Die Phänomenologie stellt nur die Möglichkeiten fest". Die Phänomenologie sei die Grammatik der Beschreibung der Tatsachen, auf denen die Physik ihre Theorie aufbaue. (L. Wittgenstein a. a. O., S. 51)

Wir gehen als Ärzte von dem aus, was vorliegt, von dem jeweiligen Erscheinungsbild, das wir mit allen Sinnesorganen aufnehmen, also wie uns ein Patient erscheint, wie er in die Praxis kommt, in seinem Bett zuhause oder im Krankenhaus liegt, auf einem zugigen Flur oder in einem Mehrbettzimmer.

---

[115] Hahn, P.: Ärztliche Propädeutik, Springer, Heidelberg , 1988
[116] Hahn, P.: Entwurf einer Erkenntnislehre (2016) bisher unveröffentlicht

Für die weitere Verwendung dieser **phänomenologischen Methode** empfiehlt Hahn ein paar interessante Regeln:

1. Von allem Theoretischen, Hypothetischen und Deduktivem absehen.
2. Tradiertes Wissen über den Erkenntnisgegenstand ausschalten.
3. Alle subjektiven Beimengungen der Anschauung nach Möglichkeit abstreifen und eine streng objektive, d. h. dem Objekt zugewandte Haltung einnehmen.
4. Untersuchen, inwieweit die subjektiven Beimengungen unbemerkt in die objektive Beschaffenheit des Gegenstandes eingehen.

Die **Hermeneutik,** als zweite der hier vorgestellten Methoden ist seit alters eine Verstehenslehre (S. Dilthey). Ihr Ziel ist eine möglichst adäquate, zutreffende und eindeutig (nicht-missverständliche) Vermittlung von Sachverhalten und Zusammenhängen. Th. v. Uexküll sprach von der Bedeutungserteilung.

Die **empirisch- analytischen Methoden** gehen von der Erfahrung/Empirie aus und von der Analyse = Auflösung (gr.) = Zergliederung der Erfahrung. Ihre Ausgangspunkte sind Fragen und Hypothesen, die zu Operationalisierungen und Untersuchungen bzw. Studien führen. Die gängigen Kriterien dieser Vorgehensweisen sind: Objektivität und Reliabilität (Genauigkeit), Validität (Gültigkeit des Experimentes), die Wiederholbarkeit und Formalisierung und Skalierbarkeit.

Im klinischen Bereich, also im Umgang mit Patienten bitten wir Patienten, die Hilfe suchen und etwas verändern wollen beispielsweise, ihre Schmerzen oder Probleme auf einer Skala zwischen 1 und 10 einzuordnen. Bei einem wirklichen Veränderungswunsch hat sich die von Steve de Shazer vorgeschlagene ‚Wunderfrage‘ bewährt: Stellen sie sich vor: In der Nacht, während Sie schlafen, käme eine Fee und nähme Ihr Problem mit, – woran würden Sie am nächsten Morgen erkennen, dass die Fee wirklich da war?[117]

---

[117] DeShazer, S., Dolan, Y. Mehr als ein Wunder. Lösungsfokussierte Kurztherapie heute. Heidelberg: Carl Auer,2008

Evidenz scheint trotzdem diesen Kriterien der Objektivität und Reliabilität (Genauigkeit), Validität (Gültigkeit des Experimentes), die Wiederholbarkeit und Skalierbarkeit gegenüber – so Hahn – als ohnmächtig, aber viele klinische Erfahrungen zeigen, dass sie es ist, die den Gegenstand des Erlebens erfasst, das Subjektive, Einmalige, Nicht- Quantifizierbare.

Die **dialektischen Methoden** sind möglicherweise durch den Missbrauch des Marxismus in Verruf geraten. Ihre Stärke, das jeweilige Gegenteil zu bedenken, hat in der anthropologischen Medizin einen hohen Stellenwert. V. v. Weizsäcker brachte es auf den Punkt, wenn er bei jedem Sachverhalt sagte: „Es könnte alles auch ganz anders sein".

In der Folgezeit entwickelte P. Hahn dann darüber hinaus noch unter Einbeziehung einiger Korrekturen und Erweiterungen seiner Propädeutik - insbesondere der Ciompi`schen Affektlogik (1982, 1996) – die Grundzüge einer „Erkenntnislehre aus ärztlich-anthropologischer Sicht" (2015) und stellte in dieser einige seiner erkenntnistheoretischen Basissätze in den Zusammenhang mit der bi- und mehr-personalen Umgangslehre V. v. Weizsäckers.

Diese Methoden grenzen Zeit und Raum ein, in dem Gesundheit und Krankheit definiert werden, wo ihr Sinn und Wert gefunden oder entdeckt werden kann. In dem Rahmen von Zeit und Raum, der durch diesen Kreis skizziert ist, der Kreis, in dem auch die einzelnen Kategorien und Kriterien, Leit – und Richtlinien ihren Ort finden, wird auch über ärztliches Handeln reflektiert. Das Narrativ, die biographische Methode V.v. Weizsäckers, die Empathie, der Prozess sind Methoden der Vermittlung der Ergebnisse. Ihr Widerlager liegt in der Evidence – based Medicine (EBM). Wenn diese im Sinne von David Sackett eingesetzt wird, dann kann sie richtig verstanden in einer Politik der kleinen, aber verlässlichen Schritte mit angemessener Klarheit und Verlässlichkeit auch heute noch umgesetzt werden.

Heute verknüpft P. Hahn die Bestimmung des ärztlichen Personalismus mit der Forderung nach einer konsequenten Anwendung des Methodenpluralismus, um Fragmentierung und Zersplitterungsprozesse der Arzt-Patient-Beziehung entgegen zu wirken.

ad 3: Ergebnisse

Etliche Publikationen der Ergebnisse finden sich in den Tätigkeitsberichten aus der Heidelberger und Aachener Zeit (s. o.).

Hier haben wir versucht, das Modellhafte besonders die Rückbezüglichkeit des Gestaltkreises, der Bipersonalität, des Methodenkreises in dem Simultandiagnostischen und -therapeutischen Würfel aufzugreifen. In dem Würfelmodell stehen Körper und Seele/Psyche, Psychodynamik und Familiendimension, Institution und Theorie zueinander in eine Beziehung. Das Ziel dieses Vorschlages war die Gesamtdiagnose, bei der körperliche und seelische Befunde, die psychodynamischen Befunde wie die aus der Familie, aus der man kommt, wie die der Institution, in der gearbeitet wird (Arbeitsumfeld) und auch die Theorie, die den jeweiligen Hintergrund des Diagnostikers bilden, berücksichtigt. Regeln und Muster dieses Zusammenspiels sind zeitabhängig und immer wieder neu zu erforschen. Die Gleichzeitigkeit von Vordergrund und Hintergrund ist immanent. Klinische Erfahrungen und Reflexionen in den Balintgruppen machen dies transparent.

1956 war nicht nur das Jahr, in dem Balints Forschung sich verdichteten, sondern auch das Jahr, in dem eine Arbeitsgruppe um Gregory Bateson die Double-bind-Hypothese formulierte und damit zum ersten Mal (?) das Symptomverhalten von als schizophren diagnostizierten Patienten im Rahmen eines kybernetischen Modells menschlicher Interaktion interpretierte. In der Folge wurden auf diesem Hintergrund eine Vielzahl von psychotherapeutischen Methoden entwickelt (Familien - und Systemtherapie, Hypno- und Kurztherapien) mit eindrucksvollen Erfolgen. Es war der Biologe W. Ross Ashby, der von Veränderungen 2. Ordnung sprach[118] und damit Wandlungen beschrieb, bei denen dynamische Systeme ihre Struktur sprunghaft, von einem Moment zum anderen veränderte. Die Kybernetik bot plötzlich eine Theorie der Veränderung an, die außerordentlich evozierend war. Statt „gestörter" physiologischer Prozesse wurde „gestörte" Kommunikation untersucht.

Wie das funktionieren kann, hat kaum jemand besser zusammengefasst als Peter Hahn in dem Entwurf einer Erkenntnislehre (2016):

---

[118] Ashby W. Ross: Einführung in die Kybernetik , Suhrkamp, 1985

„Nur durch „Beziehung", durch Zusammenarbeit, durch Freundschaft, Respekt und Achtung lässt sich so etwas wie Denk- und Fühl-Nähe herstellen. Etwas, was nicht nur Akzeptanz, sondern auch Bereicherung bedeutet."

ad 4 Abgrenzung von Wissenschaftlichkeit als psychologischem Einstellungsmerkmal

- Die Abgrenzung von Wissenschaftlichkeit als psychologisches Einstellungsmerkmal gegenüber der Wissenschaft, den Methoden und Ergebnissen ist ständig zu überprüfen.
- Sie erfordert Kritikfähigkeit und Respekt für den, der eine andere Meinung hat als man selbst.
- Eingeschlossen ist der Respekt vor allen vorwissenschaftlichen Einstellungen
- auszuschließen sind unwissenschaftliche und antiwissenschaftliche Einstellungen.

Zusammenfassung dieser Stufen

Ausgehend von den Phänomenen der Simultanität und dem Funktionswandel, den V. v. Weizsäcker in seinem Hauptwerk dem Gestaltkreis beschreibt, von der innere Verbindung der Gestaltkreistheorie mit dem sog. Methodenkreis Peter Hahns, und der Bipersonalität Paul Christians – haben wir versucht, ein Mehrgenerationen-Projekt zu skizzieren – andeutungsweise auch in der Weiterentwicklung in der Psychosomatik in Aachen in den letzten Jahren bis zu meiner Emeritierung, 2003.

Die innere Bewegung in den letzten fünfzig Jahren (die intrapsychische, die interindividuelle und die intergruppale) führte von der Dyade oder Bipersonalität der Arzt-Patient-Beziehung (P. Christian, 1949) als dem ‚kleinsten gemeinsamen medizinethischen Nenner' in der Medizin hin zu den komplexeren Systemen, denen der Hausarzt, der Balintarzt, der Familiendoktor und auch der systemkompetente Arzt begegnet und ohne diesen Rückverhalt hoffnungslos ausgeliefert zu sein scheint. Der Begriff: ‚kleinster gemeinsamer medizinethischer Nenner' eines Balintarztes oder auch den eines systemkompetenten Arztes scheint für den nächsten Schritt mit dem Begriff der ‚struktureller Kopplung' wegweisend.

Die strukturelle Kopplung ist nach den chilenischen Neurobiologen H. Maturana und F. Varella eine Struktur, mit der ein System seine Autopoiesis – also seine Selbstorganisation durchführen kann. Sie setzt voraus, dass jedes autopoetische System als strukturdeterminiertes System operiert.

Gibt es medizinethische Systeme? Und wenn ja, was gehört dazu? Diagnose, Therapie und Forschung, Ursachen, Prognose und die möglichen Folgen der Behandlung ebenso Aufklärung des Patienten, seine Begleitung im Leiden, den Beistand beim Sterben. Dabei bestimmt der Patient, wieweit er in die ‚Treppe der Aufklärung' hinauf – oder hinabsteigen will.

Die eigenen Operationen, Aufgaben und Funktionen bestimmen die Strukturen. Geschlossenheit, Selbstdetermination und Selbstorganisation machen ein System in hohem Maße – und darin liegt nach Maturana und Varela der evolutionäre Vorteil – kompatibel mit Unordnung in der Umwelt oder genauer: mit nur fragmentarisch, nur bruchstückhaft, nicht als Einheit geordneten Umwelten. Das ist auch eine medizinethische Frage, für die wir noch weiter offen sind. Strukturelle Kopplungen müssen analoge in digitale Verhältnisse umformen. Die Klärung des Verhältnisses des Kommunikationssystems zu dem des Bewusstseinssystems ist eine Funktion der Sprache.[119] Das erklärt die Faszination der narrativ basierten Medizin. Wenn jemand sich etwas von der Seele redet, geht der Weg von dem Symptom über die Emotion zum Narrativ – der Hörende ist genauso bewegt wie der Erzählende und der Weg geht weiter über die Reflexion zur Handlung, zur ‚ärztlichen Handlung' oder aber auch zum Nichtstun, zum „Lassen".[120]

Ein kontinuierliches Nebeneinander kann durch Sprache in ein diskontinuierliches Nacheinander verwandelt werden. Sprache setzt voraus, dass das System interne Möglichkeitsüberschüsse erzeugt.

---

[119] Varela F.: Erkenntnis und Leben a. a. O, 1988)
[120] Fuchs M.: Funktionelle Entspannung, 1974 ,

Hinzu kommt, dass alle Umweltbeobachtungen die Unterscheidung von Selbstreferenz und Fremdreferenz voraussetzen, die nur im System selbst getroffen werden kann. Neben dem, was man beobachtet, steht das, wie man beobachtet. Für psychische und soziale Systeme sind diese Möglichkeitsüberschüsse durch das Medium Sinn vorgegeben – Re-entry.[121] Die Mehrgenerationen Perspektive der Theorie der Arzt-Patient-Interaktion steht zur Diskussion. Zur Diskussion steht die Suche nach einer mehr humanistischen oder anthropologischen Medizin in komplexen Systemen.

‚Möglichkeitsüberschüsse' sind eigentlich immer mit Hoffnungen verbunden, aber es könnte natürlich immer auch ganz anders kommen. Beispiel: Arbeitslosigkeit, Hyperinflation ...

---

[121] Luhmann, N.: Die Gesellschaft, der Gesellschaft, Bd 1, S. 100 ff, 1997)

Kap. VIII
Meine kirchlichen Wurzeln – ein jüdisch-christliches Erbe

Meine kirchlichen Wurzeln liegen in einem Krippenspiel in Berlin-Zehlendorf (1942). Ich durfte Schleppenträger bei einem der heiligen drei Könige sein! Nach unserer Evakuierung von Berlin nach Helmstedt hörte ich in der Kirche Geschichten aus dem Alten Testament beispielsweise von Moses und Samuel. Eingebrannt in meine Erinnerung waren zwei Szenen. Moses hielt zum Schutz seiner Leute im Kampf gegen die Amalekiter den ganzen Tag seine Arme hoch. Als sie vor Müdigkeit sanken, waren die Amalekiter siegreich. Da stützten ihn Josua und Hur, seine Helfer.[122]

Gestützt wird diese Erinnerung durch ein Bild und durch ein Wort. Das Bild verbindet die Geschichte aus einer Zeit vor dreieinhalb tausend Jahren, mit der eines kleinen Jungen nach dem II. Weltkrieg und der Gegenwart. Von Samuel blieb mir in Erinnerung, das ihm Eli, sein Lehrherr riet, wenn er noch einmal nächtens eine Stimme hören würde, solle er einfach sagen: „Rede Herr, Dein Knecht hört“.[123]

Zentrale Aussage:
Ein Bild kann man sehen, ein Wort muss man hören!

Mein Wunsch, Theologie zu studieren, begann nach dem zweiten Weltkrieg, bald verstärkt durch den Unterricht in einem altsprachlichen Gymnasium, in einem Schülerbibelkreis und in dem Konfirmationsunterricht. Der Medizin kam ich nach dem Abitur als Sanitätsgefreiter bei der Bundeswehr näher und durch die vorgesetzten Stabsärzte. Dazu eine kleine Episode bei einer Leichenobduktion in einem Ahlener Krankenhaus. Ich halte mich an den mir wohl gesonnenen O. Stabsarzt. Er erklärt mir, was da zu sehen ist. Ich bin neugierig. Was ich sehe und verstehe, lenkt mich ab. Einige der Kameraden wird schlecht, sie fallen um.

Einige Jahre später – ich war schon Assistenzarzt in der Psychiatrie in

---

[122] 2.Mose 17,V. 8–15
[123] 1. Samuel 3 V. 1–9

Basel – wurde ich als Kriegsdienstverweigerer mit der Frage, ob ich Jura studiert hätte, anerkannt (1968). Als potentieller Gemeindepfarrer, mein langjähriger Berufswunsch, war ich bei der Bundeswehr ohnehin vom Waffendienst befreit. Studiert habe ich an verschieden Universitäten. In Tübingen nahm ich eine junge Dame beim Präparieren wahr. Sie sah nicht nur gut aus, sie war hoch konzentriert und ganz bei der Sache. Wenige Jahre später studierten wir zusammen in Homburg/Saar, wanderten viel durch die Wälder der Umgebung und bestanden das Physikum. Wir studierten weiter, sie in Tübingen, ich in Düsseldorf. Danach zusammen in Wien und Heidelberg. Erste praktische medizinische Erfahrungen als Medizinalassistenten sammelten wir in der Inneren Medizin in Heidelberg, ich danach in der Chirurgie und Gynäkologie in Landau/Pfalz, sie in Kandel. Ich Psychiatrie in Klingenmünster und in Basel, sie mit unseren Kindern zuhause. Nach drei Jahren konnten wir nach Heidelberg zurückkehren. Dann kam der Ruf nach Aachen. Seit bald zwanzig Jahren leben wir in Kusterdingen.

Zur Geschichte von Luther und Tetzel.

Es war in den Sommer- und Herbstmonaten (1945–47). Wir trieben uns viel in den Wäldern rund um Helmstedt herum, im Elm, Elz- und Lappwald und an dem Tetzelstein, eine Erinnerung an jenen Mönch, der den Ablass verkaufte mit dem unmöglichen, aber wirkungsvollen Werbespruch: „Wenn das Geld im Kasten klingt, die Seele aus dem Fegefeuer springt." Es soll dieser Mann gewesen sein, der bei Luther das Fass zum Überlaufen brachte. Seine Pfarrkinder gingen über die nahe Grenze, um sich diese Sicherheit für ihre Zukunft zu kaufen. Ohne Tetzel keine Reformation, ist wahrscheinlich etwas zu plakativ. Von 1946–48 ging ich in die Lutherschule in Helmstedt. Frühe Prägung? Kaum Erinnerungen.

Viele Jahre später

Ein Tagebucheintrag von 24.7.1960. Ich hatte bei PD Dr. Wickert/Tübingen ein Proseminar über das Encheiridion, das Handbuch Augustins belegt. Wickert zeigt auf den entscheidenden Unterschied zwischen Augustin und Luther. Bei Augustin wird der Mensch durch das Gesetz (lex) auf seine Krankheit (concupiscentia) aufmerksam – sie wird sozusagen durch das Gesetz geweckt.

War dieses Gesetz eine Illusion? Ein zunächst unglaublicher Satz. Concupiscentia (das Begehren) wird durch die Gnade geweckt und überwunden. Der durch die Gnade gerechtfertigte Mensch gerate nicht in Widerspruch zu sich selbst, vielmehr gewönne er sich so durch den Einklang mit Gott. Bei Luther aber wird jeder Selbstgewinn verworfen. Immer steht der Mensch im Widerspruch zu sich – als Nichts vor Gott.

Um das zu verstehen, benötigte ich Einführungen und Einblicke in die Geschichte. Hier nur sei ein Blick auf die „fremde Reformation – Luthers mystische Wurzeln" erlaubt. Leppin zeigt Luthers Nähe zu Johann von Staupitz und dessen „Frömmigkeitstheologie" und auf Meister Eckart. Dazu gehört auch eine klare Erkenntnis Luthers:[124]

„Das Leben ist nicht ein Frommsein, sondern ein Frommwerden,
nicht eine Gesundheit, sondern ein Gesundwerden,
nicht ein Sein, sondern ein Werden,
nicht eine Ruhe, sondern eine Übung.
Wir sind's noch nicht, wir werden's aber.
Es ist noch nicht getan oder geschehen,
es ist aber im Gang und Schwang.
Es ist nicht das Ende, es ist aber der Weg."

Der Philosoph Ernst Bloch (Prinzip Hoffnung) verkürzte dies in „Spuren", einem frühen Buch (1. A. 1930; 8. A. 1960)[125],[126] und in seiner Tübinger Antrittsvorlesung Anfang der sechziger Jahre, die ich als junger Student miterleben konnte, auf: „Ich bin, aber habe mich nicht, darum werden wir erst." Der Medizinethiker Dietmar Mieth geht noch eine Schritt weiter – oder zurück – indem er Meister Eckart zitiert: „Gott in mir und ich werde." Mieth erläutert: „Der Sinn der Menschwerdung Gottes ist das Werden des Menschen aus Gott und zu

---

[124] Leppin, Volker: Die fremde Reformation – Luthers mystische Wurzel, Beck Verlag 2016

[125] Ernst Bloch: „Spuren", Suhrkamp , Frankfurt a. M. (1. A. 1930; 8. A. 1960)

[126] Helga zur Nieden, eine befreundete ältere Kollegin hatte meinen Entwurf gelesen. Ihre Gedanken trug sie mir auf dem Tübinger Bergfriedhof vor. Ort und Termin waren ihr wichtig. Ich musste ihn meinem Alltag abringen. Nun saßen wir neben dem Grabstein von Ernst und Katarina Bloch. Sein Grabspruch: Denken heißt überschreiten! Katarinas konnte ich mir nicht merken. Er war etwas länger. Sie hat ja auch etwas länger gelebt.

Gott. Dieses Zukunftsgeschehen stehe ‚vertikal' zur Zeit'.[127]

Sola Christus, sola gratia, sola fide und sola scriptura, werden als Summierungen Luthers Theologie angesehen. Das war Luthers feste Auffassung. Das war seine Erfahrung. Das galt es zu bezeugen. Was gilt es heute zu bezeugen? Zu bezeugen ist möglicherweise die Weiterentwicklung von sola scriptura durch die Auffassung von der Gegenwart Gottes, seine Präsenz, d. h. uns begleitend, kritisierend, orientierend, nicht anonym regierend! (D. Ritschl, 2008)[128] Zu bezeugen ist das Evangelium – eine Schrift aus der Verkündigung. Menschen werden durch die mündliche Verkündigung angesprochen. Das geschieht in der Kirche auch heute noch – weltweit.

In einem deutlichen Widerspruch zu Luther, der sich auf Paulus Betonung der „Gnade allein" berief, lesen wir im Jakobus Brief: ‚Seid aber Täter des Wortes und nicht bloß Hörer, sonst betrügt ihr euch selbst. Denn wer nur ein Hörer des Wortes ist, aber kein Täter, der gleicht einem Menschen, der sein leibliches Gesicht im Spiegel beschaut; denn nachdem er sich beschaut hat und weggegangen ist, vergisst er alsbald, wie er ausgesehen hat."[129]

Weitere Jahre später

Das Resümee meiner Antrittsvorlesung in Aachen 1991 lautete: Ende einer Illusion, Beginn einer Utopie, das Fass ohne Boden, Universitas datur![130] Drei Jahre vor dieser Antrittsvorlesung endete A. E. Meyer, als Vorsitzender des DKPMs einen vorzüglichen Vortrag mit harten ökonomisch-statistischen Daten über die besondere z. T. ja weltweit einzigartige Situation der Psychosomatik in der BRD mit der Frage: Psychosomatik in der BRD – eine Illusion? Er endete wie folgt: „Unsere Appelle an Ganzheit und Humanität werden ebenso gerne gehört wie eine Predigt am Sonntag ... Nach allgemeiner Erfahrung endet deren Einfluss spätestens am Montag - Morgen."[131] Dem gegenüber stand:

---

[127] Dietmar und Irene Mieth: Sterben und Lieben- Selbstbestimmung bis zuletzt, Herder, 2019
[128] Ritschl, D.: Bildersprache und Argumente. Theologische Aufsätze, Neukirchen- Vluyn, 2008)
[129] Jakobus Brief, Kap. 1, Vers 22–24
[130] Petzold, E. R.: Perspektiven der psychosomatischen Medizin. Prax Psychother Psychosom, Heft 2, Bd. 38, 76–84 (1993)
[131] Meyer, A. E.: Die Zukunft der Psychosomatik in der BRD – eine Illusion? In: PPmP 40 (1990) S. 337–335

Beginn einer Utopie, auch wenn dadurch das ‚Fass ohne Boden' (die ökonomischen Möglichkeiten) nicht größer wird und das Gebet des Universitas datur weiterhin mehr als notwendig ist.

Achtzig Jahre vor meiner Antrittsvorlesung hatte sich ein anderer mit diesen Themen auseinander gesetzt. 1927 erschien Freuds „Die Zukunft einer Illusion". Zeit seines Lebens hatte er sich mit diesem Thema beschäftigt z. B. bei seiner Auseinandersetzung mit der Religion. Schon als 17-Jähriger schrieb er seinem Freund Silberstein. „Für Gottes dunkle Wege hat noch niemand eine Laterne gefunden." (1873)

In „Totem und Tabu" (1905) hat er einen weiteren Meilenstein gesetzt und die Religion (er meinte die monotheistische) mit einer Zwangsneurose verglichen. Er verwies auf die Rituale und ihre Abwehrfunktion, Impulse aus dem „Es-Bereich". 1927 stellte er die Religion in den größtmöglichen Kontext und macht sie wie alles menschliche Verhalten der wissenschaftlichen Untersuchung zugänglich. Er steht mit diesem Vorgehen in einer Reihe mit den großen Aufklärern von Spinoza bis Feuerbach und Darwin.

Aber er steht auch in der Phalanx seiner Zeitgenossen, die sich mit der Religion wissenschaftlich auseinandersetzen z. B. Hawelock Ellis, Max Weber, Emil Dürkheim, auf den der Begriff der „Anomie" zurückgeht. Gemeint war der Zusammenbruch oder die Verwirrung sozialer Normen als einer Hauptursache für Orientierungslosigkeit und Selbstmord als soziales Phänomen. Freud sieht in der Religion wie in der Kunst und auch in der Ethik die höchsten Güter der Menschheit, anders aber als die genannten sieht er die Ursprünge in der Psychologie der Kindheit. Das Kind fürchtet die Macht seiner Eltern und vertraut gleichzeitig ihrem Schutz. Es konstruiert sein eigenes Bild von der Welt und sein eigenes Wertesystem mit diesem Grundwissen, über das es selten Rechenschaft ablegt und gegen das es in der frühen Trotzphase genauso rebelliert wie später in der Pubertät.

Trotz und Rebellion sind Bundesgenossen des Gehorsams, gleichsam Erfüllungsgehilfen dessen, gegen das/den sie opponieren. Sie scheinen das zu verfestigen, wogegen sie angehen. Mit „ Zukunft einer Illusion" hat Freud ein anderes Ziel. So, wie ein Kind sich Fantasien über die Macht anderer (besonders der Eltern) macht und sich gerne seinen eigenen Größenfantasien und – Wünschen hingibt, machen sich die Gläubigen in der Religion Vorstellungen von Gott. Auf ihn projizieren sie ihre Ängste und Erfüllung ihrer Schutzbedürfnisse. In „Zukunft einer Illusion" wird diese Art von Projektion untersucht. Die Erkenntnisse der Religion beruhen nicht auf den Ergebnissen wissenschaftlicher Arbeiten, sondern auf einer tiefgründigen Abwehr der Schrecken der Kindheit – so Freud. Kindheit – das führt in den vorsprachlichen Raum. Ein Kind wächst ja erst allmählich in die Sprache hinein.

Das ist auch Gegenstand der psychosomatischen Arbeit, Teil der Selbsterfahrung, der Forschung. Ausdrücklich unterscheidet Freud Illusionen, Täuschungen und Irrtümer. Er verneint anders als V. v. Weizsäcker, dass (s)eine Wissenschaft, die Psychoanalyse, eine Illusion sei. „Nein, unsere Wissenschaft ist keine Illusion. Eine Illusion aber wäre es zu glauben, dass wir anderswo bekommen könnten, was sie uns nicht geben kann."[132]

Was will er damit sagen? Indirekt sagt er: „Eine Illusion" ist es, zu glauben, wir könnten anderswo bekommen, was wir von den Eltern nicht bekommen haben! Das mag überraschen, mag aber auch dazu veranlassen das Wort genauer zu betrachten. Im Lateinischen heißt *illusio:* „Verspottung, Täuschung". Gemeint sind Verkennungen, Wahrnehmungstäuschungen mit gestörter Wahrnehmung realer Objekte, die umgedeutet oder verkannt werden.

Mystik – eine Chance innezuhalten?

So wichtig die psychoanalytischen Grunderkenntnisse Freuds und das Ende einer Illusion, einer Ent- Täuschung für die Entwicklung der Psychosomatik waren und sind z. B., dass wir ‚Herr im eigenen Haus' wären, wichtiger ist der Beginn einer tragfähigen Utopie. Sie ist zukunftsgerichtet und immer mit einer Hoffnung verbunden. Für diese Hoffnung stehen auch die die Erfahrungen aus der Mystik, für das ‚Spüren Gottes'.

D. Ritschl spricht in seinem Grundkurs der christlichen Theologie über

---

[132] S. Freud zitiert nach P. Gay: Freud – eine Biographie für unsere Zeit, S. Fischer, 1989, S. 588ff.

die Mystik von dem anderen Ende aus dem Mittelalter. Mystik steht der Scholastik gegenüber. Ritschl betont die Erfahrung, die auf subjektivem Erleben beruht und Erleuchtung, die bei Paulus und Luther Glaubensgewissheit wurde.[133]

„Gott spüren" sei nicht das Gegenteil von „Gott denken." Die großen Scholastiker waren auch Mystiker. War Newton nicht auch ein Mystiker?

Diese Leute wussten etwas von der Begrenztheit theologischer Begriffe, das Geheimnis Gottes zu beschreiben. Und doch, sagt Dietrich Ritschl, ist die christliche Mystik keine „Theologie". Deren Aufgabe sei es, die großen Themen der Bibel zu prüfen und zu erklären. Mystik will nicht erklären, sie will einen Weg zeigen. Der Weg kann nach außen, nach oben, aber auch weg von der Welt führen. Letzteres kann eine große Gefahr sein – jedenfalls für den Handelnden, den Täter des Wortes. Der Wunsch und das Ziel, hin zu dem Grund des Seins, hin zu dem Göttlichen kann nach Innen zum Grunde der Seele führen, wo Gottes Licht das Denken und das Wollen erleuchtet. „Mystik will gelernt sein." Frauen spielten dabei eine große Rolle. Sie haben über den Weg gesprochen und auch gelebt, haben die verschieden Stufen beschrieben, die man zwischenzeitlich ja auch aus dem Buddhismus oder auch dem Sufismus kennt.

Die eigentlichen Inhalte dieses Weges lassen sich nicht in Worte fassen.

Mystik ist nicht spezifisch christlich, vielmehr neuplatonisch. Vor dem Denken steht das Spüren und Schauen. Was ist das Christliche an der Mystik? Die Mystik ist der Weg, nicht der Inhalt. Das christliche Glaubensgut ist die Bibel, kirchliche Interpretationen, hilfreiche Predigten und Vorträge. Das Christliche ist der Bezug auf die Gegenwart und die Führung des Geistes Gottes. „Geist und Wort gehören zusammen. Nicht Bäume, Sterne, Naturphänomene künden von Gott, sondern das Wort." (D. Ritschl: Grundkurs a. a. O. S. 207). Das Mystische finden wir auch in der Musik, in den Kirchenliedern, und in der Kunst,

---

[133] Ritschl, D. und Martin Hailer: Diesseits und Jenseits der Worte – Grundkurs christlicher Theologie, Neukirchener: Kap 8; S. 193 ff, 2006

beispielsweise in den großen Bildern Goyas, Picassos, Bacons, aber auch Einhard Hopfes – z. B. in seinem „Saul".

Das Gemeinsame der psychosomatischen, der künstlerischen und der theologischen Perspektive sind Innen- und Außenansichten auf all das, über das wir nachdenken und handeln. Daraus entsteht Beziehungswissen (Freud), und Glaubenswissen (Luther). Menschen handeln normalerweise und wie selbstverständlich ohne besonders nachzudenken nach ihren Emotionen, nach verinnerlichten Wertsystemen, Normen und Regeln. Sie lernen das in ihren Familien. Wissenschaftler, vor allem Mediziner, beziehen sich darüber hinaus auf ihre Forschungsergebnisse und setzen diese mit Wissenschaft gleich – ein gefährlicher Trugschluss; andere orientieren sich an ihren Methoden, dritte aber sprechen von der wissenschaftlichen Haltung, die unser Denken, Fühlen und Handeln bestimmen mag.

In den Grundlagen der Med. Anthropologie fragt V. v. Weizsäcker, ob die Med. Anthropologie Teil des christlichen Äons ist, was er verneint. „Vor-christlich" ist sie, nicht vorsokratisch oder platonisch, sondern „vor-christlich" im Sinne von Anlauf auf das Christentum, von dem sie nicht herzukommen wähnen darf, als hätte sie es schon in ihrem Besitz, sondern unvermeidlich ihm aufgesetzt, von ihm aufgeschreckt wie von eine ohne allen Zweifel unerfüllten Forderung. „Und ist denn nicht das Ganze Christentum aufs Judentum gebaut?" Fragt der christliche Analphabet und Klosterbruder Nathan, der jüdische Kaufmann und Weise in Lessings größtem Werk. (4. Aufzug, siebter Auftritt V. 3020 S. 265)

Wertsysteme und -normen, Einstellungen und Haltungen haben wir als Kind oder im Laufe unserer beruflichen Sozialisation erworben. Das gehört zu den guten Sitten. In Krisen- oder Umbruchsituationen werden diese Selbstverständlichkeiten in Frage gestellt, Tabus werden gebrochen und Verunsicherungen führen zur Destabilisierungen. Statt Destabilisierung sprechen wir auch von ‚Ordnungswandel' und ‚Ordnungsübergängen'[134]. Wir sehen Veränderungen bei Störungen und Krankheiten, körperliche und emotionale Instabilitäten, auch bei stationären Psychotherapien. Destabilisierungen trotz eines sicheren Rahmens, damit sich Neues entwickeln kann, also auch Heilung.

[134] G. Schiepek (ed.): „Synergetik der Psychologie". Schattauer, 2003

Abschließen will ich den Blick auf meine kirchlichen Wurzeln und das jüdisch-christliche Erbe mit der Frage: Was verbinden wir mit dem Glauben? Wie werden Glaubensfragen erkannt und umgesetzt? Ich erinnere Geschichten aus einer Gesprächsrunde in der evangelischen Studenten Gemeinde, mit H. Abe, Studentenpfarrerin und mit Studierenden der Eberhard Karls Universität Tübingen zur 'Psychosomatik und Theologie'. Von 2006–2013 lasen und diskutierten wir regelmäßig bekannte und weniger bekannte Geschichten aus der Bibel und diskutierten psychosomatische Implikationen.

Das gemeinsame Lesen biblischer Geschichten ist eine gute Übung des sich vertraut Machens mit diesen Texten und das „Bewohnen dieser Geschichten." Kommentare aus der Theologie wie aus tiefenpsychologischen Arbeiten können das Verstehen ungemein erleichtern und vielleicht sogar Kontakt mit dem herstellen, was uns steuert.[135]

Wir begannen mit der Genesis; danach kam Hiob, Kohelet, der Prediger, die Bergpredigt, Paulus und seine Briefe an die Korinther und am Ende - wie könnte es anders sein? - die Apokalypse.

Zur Genesis

Hier ist eigentlich schon alles gesagt worden - von der Schöpfung der Erde und den Menschen, die sie bewohnen dürfen, von Adam und Eva, über deren Beziehung wir alles erfahren, was das Leben gelingen, misslingen lassen kann. Soll Adam auf Eva hören - oder besser nicht? Hinter der zweiten Frage mag der Wunsch nach dem Paradies verborgen sein. Wir wären möglicherweise noch immer im Paradies, aber wäre das wirklich erstrebenswert?

Wir erfahren sehr früh sehr viel über Emotionen, Empathie und Prozesse, über Schuld und Scham, die tiefsten Gefühle mit der größten Bindungskraft - schon bei Adam und Eva, dann aber auch über Ärger, Zorn und Wut bei ihren Söhnen, bei Kain und Abel und wir erfahren auch etwas über ihre Beziehung zu Gott, seine Beziehung zu ihnen, zu uns. Der Dialog zwischen den Menschen selbst ist interessanterweise zwischen den Menschen, die hier vorgestellt werden, deutlich

[135] Dietrich Ritschl: Zur Logik der Theologie – Kurze Darstellung der Zusammenhänge theologischer Grundgedanken, Kaiser Taschenbücher , 2.

knapper als der mit Gott. Was mag das bedeuten? Es gibt zu denken-auch über den holistischen Blick, den wir üben, wenn wir uns mit komplexen Systemen beschäftigen.

Bei Hiob gibt es weitere Dialogfelder – schon in der Eingangsgeschichte wird von der Familie erzählt und wie er wie ein guter Vater etwas für seine – möglicherweise bei Partys über die Stränge schlagenden – Kinder tut, er „heiligte sie und machte sich früh auf und opferte Brandopfer nach ihrer aller Zahl". Er dachte, sie könnten sich versündigt oder gar Gott abgesagt haben. Die Idee, dass Gott kein fester Besitz sein könnte, wird also schon recht früh formuliert. Beziehungen sind zu pflegen.

In derselben Zeit kamen die Gottessöhne vor den Herrn und es kommt zu diesem berühmten Dialog zwischen Gott und Satan/Luzifer – später beginnt Goethe mit dieser Szene seinen Faust. Er beginnt mit dem Prolog im Himmel – und mit einer Wette, die tief in die Abgründe von Sein und Zeit blicken lässt: „Könnt ich zum Augenblicke sagen: Verweile doch, du bist so schön ..." Das klingt wie die Aufhebung der Gegenwart, für die Unmöglichkeit jedenfalls, sie zu halten. Da hilft auch die späte Lösung nicht sehr, als der älter und trickreicher gewordene Faust in den Konjunktiv ausweicht.

Zurück zu Hiob und seinen Freunden. Anders als in der Genesis gibt es hier das Gespräch unter Freunden, es gibt eine Teilnahme, auch wenn sie nicht trägt, weil man von unterschiedlichen Voraussetzungen ausgeht und Hiob sich zu Recht die frommen Sprüche verbittet: Ja, ihr seid die Leute, mit Euch wird die Weisheit sterben! Ich habe ebenso Verstand wie ihr und bin nicht geringer als ihr; wer wüsste das nicht? (Hiob 12, 2–3). Man könnte fast von einer Gruppentherapie sprechen, die aber wie so oft bei Anfängern, bei Pionieren erst einmal misslingt. Empathie will gelernt sein. Hiob bleibt bei sich. Auch Gott gegenüber: Siehe, ich bin zu gering, was soll ich antworten? Ich will meine Hand auf meinen Mund legen. Einmal habe ich geredet und will nicht mehr antworten, ein zweites Mal geredet und will's nicht wieder tun. (Hiob 40, 4–5). Aber nach Gottes machtvoller Antwort auf diese – ja auch etwas trotzig anmutende Antwort kommt etwas, das sich wie die Unterwerfung anhört: „Ich erkenne, dass du alles vermagst, und nichts, das du dir vorgenommen ist dir zu schwer. „Wer ist der, der den Ratschluss verhüllt mit Worten ohne Verstand? Darum habe ich unweise geredet, was mir zu hoch ist und ich nicht verstehe. So höre nun. Lass mich reden; ich will dich fragen, lehre mich. Und dann dieses letzte und tiefe Bekenntnis: „Ich hatte von dir nur vom Hörensagen vernommen; aber nun hat mein Auge dich gesehen. Darum spreche ich mich schuldig und tue Buße in Staub und Asche". (Hiob 42, 2-5) Das unüberhörbare Hören Hiobs, auf die eigene innere Stimme und auf Gott, das macht die Dramatik dieser Verse aus. - Auch gegen den Rat seiner Frau, seinem Gott abzuschwören und endlich zu sterben, bleibt er in diesem Dialog mit Gott und kämpft und unterwirft sich ihm. Subjicere (lat.) meint sich unterwerfen und übertragen Grenzen anerkennen.

Psychosomatik und Theologie kommen sich hier sehr nahe:[136] Zum einen in den Doppeldeutigkeiten von Gottes- und Krankheitserfahrungen. Zum anderen darin, dass wir weder die eigenen noch Gottes dunkle Seiten ausblenden können. Hörbar ist das Zusammenklingen von Tradition, Situation und Person bei Hiob aber auch bei uns. Hiob ist kein Handbuch der Seelsorge, aber Hiobs Worte am Anfang und Ende sind zwei wichtige Hinweise für gelingende Seelsorge:

- Vor dem Reden der Seelsorgenden steht das Hören; die ersten Worte stehen dem Leidenden zu;
- Eine verordnete Lösung der Fragen nach dem Leiden verfängt nicht; diese kann nur der Leidende selbst in der Begegnung mit Gott für sich finden ... Die Seelsorgenden können auf den Weg zu dieser Begleitung Begleitende sein, die im günstigsten Fall von Tröstenden zu Getrösteten und Belehrten werden.[137]

Dieses nicht überhörbare Hören auf die eigene (?) innere Stimme finden wir übrigens auch bei Abraham, interessanterweise allerdings erst, nachdem er sich aufgemacht hat in ein fremdes fernes Land und auch erst nach der totalen Unterwerfung unter Gottes Willen bei der Opferung Isaaks. Im Kampf mit Gott um die Rettung von 10 Gerechten aus Sodom und Gomorrha übernimmt er Verantwortung. Er handelt mit Gott und Gott lässt mit sich handeln. Abraham zu Gott: „Willst du

---

[136] Strasser, K. & Petzold, E. R. „Ich möchte, dass Sie bleiben" - Hospizliche Begleitung - Gegenseitiges Schenken und beschenkt Werden Z. f. Palliativmedizin (9/2017)
[137] M. Witte (2007) Wikipedia 10.2.2020

wirklich die Gerechten (oder Schuldlosen) zugleich mit den Gottlosen wegraffen?... Fern sei es von dir, so zu handeln, die Gerechten mit den Gottlosen ums Leben zu bringen, so dass es den Gerechten ebenso ergehe wie den Gottlosen: das sei ferne von dir! Der Richter der ganzen Erde muss doch Gerechtigkeit üben". (1. Mos. 18 V. 23–25, nach der Menge Übersetzung 1951) Nach Kuschel, einem Tübinger Religionswissenschaftler ist dies eines der frühesten Zeugnisse für ein allgemeines Menschenrecht.[138]

Die Wiederholung dieses Grundthemas, findet sich ja doch auch im Leben Jesus und implizit in der Bergpredigt, die mit einer kräftigen Aussage beginnt: Ihr seid das Salz der Erde, das Licht der Welt ... und schon bald in den Antithesen der Handlungen und Emotionen übergeht: vom Töten und Zürnen, vom Ehebruch und Ehescheidung, vom Schwören und Wiedervergeben, und bis zur Feindesliebe reicht – zum Almosengeben und Beten, zum Fasten und gegen den Mammon dienst[139] und gegen das falsche Sorgen bis hin zu der „goldenen Regel" als Zusammenfassung des im Gesetz und bei den Propheten gebotenen Willen Gottes. Nicht von ungefähr resümierte Stefan Zweig in seinem Buch über Erasmus von Rotterdam (1935, 2016), dass dieser der Bergpredigt näherstand und damit dem Liebesgebot, Luther dagegen stand vielmehr bei Paulus und damit bei dem Gesetz, der Ordnung.[140]

Das Thema des letzten gemeinsamen Semesters mit Heidi Abe (2012) war die Apokalypse, das Buch mit den sieben Siegeln, in einer „Enthüllung" (wörtl. Übersetzung) nicht „Offenbarung."[141] Mit Jes. 65, 17 ff fanden wir die Verknüpfung dieses einzigen prophetischen Buches des Neuen Testamentes mit der hebräischen Bibel, Kontinuität in einem großen Stil: „Ja seht doch: Ich schaffe einen neuen Himmel und eine neue Erde. Nicht mehr soll des früheren gedacht werden. Nicht mehr soll's zum Herzen gehen."

---

138 Kuschel, K. F.: Vorlesung Tübingen 31.10.06

139 Mammon ist ursprünglich – lt. Wikipedia – ein unredlicher erworbener Gewinn. Im weiteren Sinne aber bedeute Mammon „das, worauf man vertraut."

140 Stefan Zweig: Triumpf und Tragik des Erasmus von Rotterdam; Anaconda Verlag Köln 2016 (zuerst 1935 bei H. Reichner in Wien

141 Wengst, Klaus : Wie lange noch? – Schreien nach Recht und Gerechtigkeit – eine Deutung der Apokalypse, Kohlhammer,2010

Gott wohnt in der Zeit

Wir denken ihn oft
Im Gefängnis des Raums
Manchmal als Herrscher
Als General, der alles sieht
Und dirigiert

Manchmal als gütigen Vater
Als nährende Mutter.

Wann sehen wir ihn so, wie er ist?
Als Da Seiender
Im Dort und Damals
Im Hier und Jetzt

In der Vergangenheit - damals,
in der Gegenwart - jetzt,
in der Zukunft - bald![142]
E. R. P.

---

142 „Gott wohnt in der Zeit", ein zentraler Gedanke, den ich D. Ritschl verdanke